Evi Rodemann

Scheitern erwünscht!

Warum uns Krisen als Leitende wachsen lassen

W0305865

EVI RODEMANN

SCHEITERN ERWÜNSCHT!

WARUM UNS KRISEN ALS LEITENDE WACHSEN LASSEN

SCM
R.Brockhaus

SCM

Stiftung Christliche Medien

SCM R.Brockhaus ist ein Imprint der SCM Verlagsgruppe, die zur Stiftung Christliche Medien gehört, einer gemeinnützigen Stiftung, die sich für die Förderung und Verbreitung christlicher Bücher, Zeitschriften, Filme und Musik einsetzt.

FSC www.fsc.org MIX Papier aus verantwortungsvollen Quellen FSC® C014496

© 2022 SCM R.Brockhaus in der SCM Verlagsgruppe GmbH
Max-Eyth-Straße 41 · 71088 Holzgerlingen
Internet: www.scm-brockhaus.de · E-Mail: info@scm-brockhaus.de

Soweit nicht anders angegeben, sind die Bibelverse folgender Ausgabe entnommen:
Neues Leben. Die Bibel, © der deutschen Ausgabe 2002 und 2006 SCM R.Brockhaus in der SCM Verlagsgruppe GmbH Witten/Holzgerlingen. (NLB)
Weiter wurden verwendet:
Lutherbibel, revidiert 2017, © 2016 Deutsche Bibelgesellschaft, Stuttgart. (LUT)
Hoffnung für alle®, Copyright © 1983, 1996, 2002, 2015 by Biblica, Inc.®. Verwendet mit freundlicher Genehmigung des Herausgebers Fontis-Brunnen Basel. (HFA)
BasisBibel. Neues Testament und Psalmen, © 2012 Deutsche Bibelgesellschaft, Stuttgart. (BB)

Umschlaggestaltung: Miriam Gamper-Brühl, www.3kreativ.de
Titelbild: copyright: shutterstock/Vector memory (Hintergrund), shutterstock/MJgraphics_Version (Pfeil)
Autorenfoto: © Evi Rodemann
Satz: typoscript GmbH, Walddorfhäslach
Druck und Bindung: GGP Media GmbH, Pößneck
Gedruckt in Deutschland
ISBN 978-3-417-00021-4
Bestell-Nr. 227.000.021

Leiterinnen und Leiter: DANKE!

Danke für eure Bereitschaft und euren Mut, Verantwortung zu tragen
und trotz schmerzhafter Erfahrungen nicht aufzugeben.
Die Welt braucht engagierte Leiterinnen und Leiter wie euch!

Anmerkung

Um die Lesbarkeit dieses Buches zu fördern, habe ich folgende Begrifflichkeiten gewählt:

Kirchen und freikirchliche Gemeinden werden in diesem Buch unter dem Begriff »Gemeinden« zusammengefasst.

Gemeinde- oder Kirchenleitung wird hier als Gemeindeleitung bezeichnet.

Kirchen- und Gemeindeverbände werden Gemeindeverbände genannt.

Wenn von Leitern oder Leitenden die Rede ist, sind selbstverständlich immer Frauen und Männer eingeschlossen.

Es werden Begriffe wie Führungskräfte, Leitende und Leitung gebraucht. Diese sind für mich hier austauschbar. Leiterschaft ist ein Begriff, der eher im freikirchlichen Raum gängig ist und der in diesem Buch Verwendung findet.

Inhalt

Vorwort

Es scheint, dass Menschen in Führungsverantwortung oft ein anderes »Haltbarkeitsdatum« haben als Menschen ohne. Nein, nicht länger wie vielleicht gedacht und gewünscht, sondern kürzer. Damit meine ich weniger die Lebenszeit als die Lebensqualität. Es gibt viele Männer und Frauen in Leitungspositionen, die sich irgendwann im Laufe des Lebens entscheiden, aus ihren Leitungsaufgaben auszuscheiden. Die nicht mehr können. Die an Leitung zerbrochen sind. Zu leiten bedeutet auch immer ein Stück weit zu leiden.

Ich wünschte manchmal, ich hätte magische Kräfte und könnte das Leid und das Böse bei anderen Leitenden abwehren. Aber die Realität sieht anders aus. Ich kann es nicht. Weder bei mir selbst noch bei anderen. Aber das muss ich auch nicht, denn wir haben einen liebevollen Gott, der mit uns geht. Überallhin. Auch in das Leid und durch das Leid.

Dieses Buch richtet sich an Menschen in Verantwortung. An Führungskräfte und Leitende. An Männer und Frauen jeglichen Alters, die von Gott Verantwortung anvertraut bekommen haben, Menschen zu führen. Und das ist eine der höchsten Berufungen. Ist es doch ein großartiges Vorrecht, dass der allmächtige Gott uns dabei einsetzen möchte, sein Reich mitzugestalten, Menschen dabei anzuleiten und Menschen, die mit dem Glauben bisher nichts anfangen konnten, dazu einzuladen.

Und zum Leiten kommt oft gefühlt und ohne jegliche Vorankündigung das Leid. Leiten und Leiden unterscheiden sich nur durch einen Buchstaben, beide gehören untrennbar zusammen. Wenn du leitest, wirst du leiden. Es gehört mit zu deiner Verantwortung. In einer Leitungsposition erfahren wir viele großartige Dinge. Wir erleben, wie Gott uns segnet und gebraucht. Wie Dienste wachsen, neue Gemeinden gegründet oder bestehende innovativ nach vorne gebracht werden. Aber wir erleben auch das komplette Gegenteil.

Wenn ich dann tolle Bücher lese, die mir versprechen: »Gehe diese zwanzig Schritte und du wirst ein erfolgreicher Leiter« oder »Zehn Schritte zu einem erfolgreichen Team«, dann bin ich total inspiriert. Aber leider holt mich die Realität oft schnell wieder ein. Manchmal wünschte ich mir, diese großen Leiterpersönlichkeiten würden mir auch etwas aus ihrer harten und herausfordernden Alltagsrealität erzählen. Darüber, warum Leiten manchmal sehr schwer und anstrengend sein kann. Warum man manchmal so frustriert ist, dass man alles an den Nagel hängen möchte.

Deshalb möchte ich dir heute Mut machen, das Leid in Leitung zu umarmen. Es quasi richtig lieb zu gewinnen, sodass es dich weder dazu bringt, deine Verantwortung oder deine Berufung aufzugeben noch komplett abzustürzen. Ich möchte dir helfen, dein Haltbarkeitsdatum zu verlängern. Vielleicht dient dieses Buch auch als eine Art Frühwarnsystem. Damit Schmerzen dich nicht ohne Vorwarnung treffen, du besser damit umgehen lernst und dich nicht unterkriegen lässt. Der amerikanische Pastor Craig Groeschel sagte in einer Folge seines Leadership-Podcasts: »Wenn du gerade nicht leidest, dann leitest du wahrscheinlich gerade nicht.«[1]

ICH MACHE DIR MUT, DAS LEID IN LEITUNG ZU UMARMEN.

Vielleicht leidest du gerade oder hast gelitten. Vielleicht haben dich Erfahrungen in Leitung aus der Bahn geworfen. Vielleicht haben Schmerzen deiner Seele regelrechte Narben zugefügt und Selbstzweifel plagen dich. Vielleicht stellst du auch Gott infrage: »Warum hast du dieses Leid nicht von mir ferngehalten?«

Ich möchte dich ermutigen, nicht aufzugeben. Weder deinen Glauben an einen liebenden Gott noch an deine gottgegebene Berufung als jemand, der andere näher zu Gott führt. In Leitung erleben wir immer wieder alle Jahreszeiten: vom Winter zum Frühling, vom Sommer zum Herbst. Nicht immer strahlt alles in uns und durch uns. Manche von uns müssen genau in solchen Wintermonaten durchhalten und brauchen andere, die an sie glauben, wenn sie es gerade selbst nicht können. Ich spreche dir zu: Ich glaube an dich, weil Gott an dich glaubt! Er hat dich zur Leitung berufen. Deine Berufung verschwindet nicht einfach, weil du eine Leitungskrise erfährst. Krisen sind Teil unseres Lebens und Teil unserer Leitungsverantwortung. Der Umgang damit entscheidet, wie wir weitermachen. Ob wir weitermachen.

In diesem Buch rede ich von Leid, Schmerzen, Wunden und Narben. Besonders Leid, Schmerzen und Wunden sind oft für mich austauschbar. Je nachdem, in welchem Stadium du dich gerade befindest, wird der eine Begriff mehr zu dir sprechen als der andere. Ich differenziere diese Worte in diesem Buch nicht deutlich, da sie für mich oft überlappend und facettenreich sind und damit untrennbar voneinander. Mein Wunsch ist, dass Leid, Schmerzen und Wunden zu Narben verheilen können. Ja, sie gehören zu unserem Leben dazu, aber sie dürfen verheilen und damit auch verblassen. Dennoch bleiben sie ein Teil unserer Biografie – und sie haben das Potenzial, uns zu besseren Leitenden zu machen.

Ich werde dich in eigene Leitungskrisen mit hineinnehmen und davon erzählen, wie Gott mir in diesen Situationen begegnet ist. Andere Leitende werden in diesem Buch berichten, wie sie durch ihre Krisenzeiten hindurchgekommen sind. Außerdem erfährst du, woran viele Leitende leiden und scheitern und welche Hilfestellungen es gibt, trotz aller Hindernisse fröhlich voller Gottvertrauen zu leiten.

Dieses Buch ist geschrieben für Leitende,

- die gerade durch schmerzhafte Situationen hindurchgehen,
- die ihre Krisen einordnen möchten,
- die sich in ihrer Leiterschaft in einer Sackgasse befinden,
- die wissen möchten, warum Schmerzen zu Leiterschaft dazugehören,
- die kurz davor sind, aufgeben zu wollen,
- die andere in ihren Leitungsherausforderungen begleiten,
- die Ermutigung für Menschen in Leitungspositionen suchen.

Ich wünsche dir, dass es dir dort hilft, wo du gerade stehst oder wo du Menschen beim Leiten begleitest. Vielleicht dient es dir als eine Erste-Hilfe-Tasche, um Wunden zu verbinden. Die eigenen und die der anderen. Damit du möglichst konkret weißt, was du tun kannst, findest du am Ende jedes Kapitels Fragen, die zur Selbstreflexion einladen, Anstöße, um dich mit anderen auszutauschen und praktische Schritte zu gehen. Es kann dir helfen, dieses Buch in Abschnitten zu lesen und zu verdauen. Vielleicht auch mit anderen Leitenden gemeinsam. Und vielleicht mit einer schönen Tasse Earl-Grey-Tee – so würde ich es machen.

Nur Mut zum Leiten! Ich feuere dich an!

Deine Cheerleaderin

Evi

WIR KÖNNEN ALS LEITENDE
NUR WACHSEN, WENN WIR
BEREIT SIND, MIT DEN
SCHMERZEN MITZUWACHSEN.

Kapitel 1

Was dich Leiterschaft kostet

»Schwierigkeiten sind Gottes Lehrplan für diejenigen, die wachsen wollen.«
Samuel R. Chand[2]

In meinen Träumen sollte 2016 ein tolles Jahr werden. Der Auftakt war gemacht, als über 2500 junge Menschen aus fünfzig Nationen auf dem von mir geleiteten Kongress miteinander sangen »We are family«. Es gab nichts Schöneres für mich, als mich in junge Menschen aus Europa zu investieren. Ich hatte meinen Traumjob und lebte meine Berufung! Natürlich gab es bei solch einem Projekt mit so vielen Menschen und Nationen etliche Herausforderungen und Spannungen, aber die Freude und die Begeisterung überwogen. Ich meinte, das Projekt gefunden zu haben, das wie angegossen zu meiner Berufung passte – oder besser: Es hatte mich gefunden.

Als Geschäftsführerin eines europäischen Jugendwerks hatte ich mit einem großartigen Team gerade den vierten Kongress gemeistert und wir waren wieder neu geflasht von Gottes Treue, seinem Wirken, erlebten Wundern an Menschen, den notwendigen finanziellen Mitteln und vielem mehr. Und dann erhielt ich wie aus heiterem Himmel im April 2016 einen Anruf. Während des Telefonats dankte man mir zwar, teilte mir aber auch bestimmt mit, dass meine Leitung nicht mehr erwünscht sei. Ich sei nicht mehr die Richtige für den Job. Sie wollten jemand anderes engagieren, der besser geeignet sei, diese Arbeit durchzuführen. Schon während des Gesprächs, bei dem mir die Verantwortlichen ein Papier mit ihren Argumenten für meine Kündigung vorlasen, liefen mir die Tränen übers Gesicht. In diesem Moment brach meine Welt zusammen.

Ich versuchte noch, Fragen zur Entwicklung zu stellen oder wie die Übergabe laufen könnte, aber dafür gab es keinen Raum. Das war's! Nach über neun Jahren, in denen ich dieses Projekt mit Tausenden von Menschen in Europa aufgebaut hatte, wurde ich von einer Minute auf die andere rausgebeten – oder entsprechend meiner Gefühlslage: in hohem Bogen rausgeschmissen. Ich war geschockt, fassungslos und zu Tode betrübt. War so etwas rechtens? Von einem Tag auf den anderen? Welche Zeichen hatte ich übersehen?

MIR WURDE GEKÜNDIGT. IN DIESEM MOMENT BRACH MEINE WELT ZUSAMMEN.

Es hatte vorher schon mal Spannungen gegeben, aber ich hatte sie nicht so ernst genommen. Wer Jugendarbeit macht, weiß, dass manches einfach nicht verstanden wird. Meine fast zehnjährige Tätigkeit in diesem großartigen Jugendprojekt, das ich mitgegründet hatte, fand ein abruptes Ende.

Damals stürzten Gedanken und Gefühle wie heiße Lava aus einem ausbrechenden Vulkan auf mich ein. Ich wurde überrollt. Ich fühlte mich wie die größte Versagerin und vergoss Tränen über Tränen. Ich checkte einfach nicht, was falsch gelaufen war, und ging mit mir selbst hart ins Gericht. Über viele Monate. Tausende von unkoordinierten Gedanken wirbelten in meinem Kopf herum: Muss ich jetzt Europa verlassen, um woanders wieder neu anzufangen? Wird noch jemand mit mir zusammenarbeiten wollen? Und wer bin ich nun ohne diese Position, auf die sich unbewusst unter anderem meine Identität gegründet hat? Werden Menschen auch mit mir zusammenarbeiten wollen, ohne dass ich einen Titel trage? Darf ich noch etwas leiten? Wo war überhaupt Gott in dem Ganzen? Und was werden die jungen Menschen jetzt denken, die sich von mir im Stich gelassen fühlen?

Viele trostlose und depressive Gedanken plagten mich fast ein ganzes Jahr lang. So manche Nacht lag ich wach und grübelte, weinte, zweifelte. Der Schmerz war riesengroß. Wo sollte ich jetzt hin mit meiner Berufung? Wo war das Leben noch lohnenswert?

Ich stand an einem Wendepunkt und musste eine Entscheidung treffen. Gott aufzugeben kam für mich nicht infrage. Ich hatte als junge Frau entschieden, Gott nachzufolgen, was auch immer es kosten möge. Daran hielt ich fest. Aber wollte ich nochmals in einem christlichen Werk oder einer Gemeinde mitarbeiten und erneut Verantwortung übernehmen? Darauf hatte ich erst mal keine Antwort. Der Schmerz war zu groß, die Wunde eiterte. Ich war mir nicht sicher, ob ich noch mal bereit für das war, was mich Leiterschaft kosten könnte.

Deine Erfahrungen in Leiterschaft sind sicherlich ganz anders. Vielleicht geht es bei dir nicht um einen Job- oder Rollenverlust, sondern um Performance-Druck, Versagensängste, Beziehungsstress oder Identitätsfragen. Möglicherweise hast du auch zu viel auf dem Zettel oder du leidest an Zeitmangel, alles gut und gleichzeitig zu jonglieren. Viele weitere Dinge fallen dir bestimmt in Bezug auf Leiterschaft ein, die bei dir Druck, eine Not, Schmerzen verursachen. Was aber sind denn eigentlich Schmerzen? Das wollen wir uns jetzt genauer ansehen.

Schmerzen aus medizinischer Sicht

Schmerzen sind laut Weltschmerzorganisation IASP (*International Association for the Study of Pain*) ein unangenehmes Sinnes- und Gefühlserlebnis. Sie sind verknüpft mit einer tatsächlichen oder einer drohenden Gewebebeschädigung. Wenn unser Körper wehtut, sind diese Schmerzen also erst mal Signale, dass etwas passiert. Sie warnen uns: Da könnte gleich etwas Unangenehmes bis Schlimmes passieren, wenn der Schmerz nicht rechtzeitig gestoppt wird.

Wir können körperliche Schmerzen als brennend, stechend, bohrend oder reißend erleben oder sie auf der Gefühlsebene als quälend, mörderisch oder auch erschöpfend empfinden. Wer sich mit körperlichen oder seelischen Schmerzen auf die Dauer quält, kann sehr empfindlich werden und hat kaum Reserven, anstrengende Situationen auszuhalten.

Ein akuter Schmerz ist unangenehm, aber sehr nützlich, weil er uns auf ein Problem aufmerksam macht. Er hilft uns innezuhalten, und hoffentlich reagieren wir sofort, damit Schlimmeres vermieden wird. Wir beugen vor. Das wäre auf jeden Fall eine logische Konsequenz. Oder wir holen uns kompetente Hilfe, zum Beispiel bei einem Arzt, in der Apotheke oder für seelische Schmerzen bei Seelsorgern oder Psychologen.

JEDER VON UNS HAT EIN INDIVIDUELLES SCHMERZLEVEL.

Für Menschen mit chronischen Schmerzen besitzt der Schmerz nicht mehr diese Warnfunktion und ist daher wie eine sinnlose und endlose Belastung für Körper und Seele. Mancher unbehandelte, akute Schmerz kann sich zu chronischen Schmerzen entwickeln.

Wir alle nehmen Schmerzen sehr unterschiedlich wahr. Jeder von uns hat ein individuelles Schmerzlevel, das man schwer mit anderen vergleichen kann. Dieses Level ist geprägt von biologischen, aber auch psychologischen und sozialen Faktoren. Empfundener Schmerz ist also immer subjektiv. Manchmal bin ich in der Versuchung, dem anderen, der gerade Schmerzen empfindet, zu sagen: »Ist doch nicht so schlimm.« Aber tatsächlich können wir nicht ermessen, wie schlimm es für die betroffene Person ist. In der Forschung wird versucht, dem individuellen Schmerzempfinden besser auf den Grund zu gehen, indem man Patientinnen und Patienten zum Beispiel über die Dauer, die Stärke und die Art ihres Schmerzes befragt. Das nennt man Schmerzmessung. Bei chronischen Schmerzen wird empfohlen, ein Schmerztagebuch zu führen und zu protokollieren, unter welchen Bedingungen der Schmerz sich ändert.

Weil Schmerzen erst mal subjektiv sind, ist es für den behandelnden Arzt schwierig, sich sofort für die richtige Behandlung zu entscheiden. Oft wird eine Schmerztherapie verordnet, um dem Schmerz auf die Schliche zu kommen. Bei akuten Schmerzen kann man relativ schnell eingreifen, indem man Ursachenforschung betreibt. Chronische Schmerzen hingegen sind langwierig, da braucht es oft große Ausdauer von allen Seiten, um die Auslöser aufzuspüren. Auch psychische, seelische oder geistliche Dinge können uns körperlich wehtun. Manche Schmerzen bleiben auch einfach; sie sind nicht heilbar.

Was bedeutet dieser medizinische Kurzausflug für uns in der Leiterschaft?

Schmerzen gehören zur Leiterschaft dazu

Schmerzen sind unumgänglich. So wie jeder Mensch irgendwann in seinem Leben körperliche Schmerzen erleben wird, wird auch jeder Leitende Schmerzen in Bezug auf die eigene Leiterschaft erleben.

Damit meine ich die psychischen und emotionalen Schmerzen, denen wir im Dienst für Gott begegnen. Auch sie können von akut bis chronisch reichen, je nachdem, ob wir die Signale rechtzeitig wahrgenommen haben, ob wir auf diese reagieren und ob sich aufgrund der Schmerzen etwas verändert. Wir erleben solche Schmerzen als quälend, belastend, stechend und bohrend. Sie beeinflussen unser Lebensgefühl enorm und wir brauchen dringend Möglichkeiten, um gut mit ihnen umzugehen.

Schon der Apostel Paulus redete von einem Stachel in seinem Fleisch (2. Korinther 12,7-8). Er bat Gott dreimal, ihn davon zu befreien, aber Gott nahm Paulus die Schmerzen nicht weg, sondern ermutigte ihn, diesen Druck anzunehmen. Auf diese Weise wollte Gott mächtig wirken. Vielleicht erlebst du selbst gerade Schmerzen – in welcher Form auch immer –, und sie weichen nicht von deiner Seite. Wir werden im Folgenden auch darauf eingehen, dass Schmerzen in anderen Lebensbereichen die eigene Leitungsposition beeinflussen können. Den Fokus legen wir aber auf die Schmerzen, die du in dem Bereich, in dem du Leitungsverantwortung trägst, empfindest.

»Führungsverantwortung erzeugt Veränderungen und Veränderungen erzeugen immer Schmerzen«, schreibt der amerikanische Autor, Berater und Pastor Samuel R. Chand in seinem Bestsellerbuch *Leadership Pain.*[3] Mich ermutigt dieser Satz – besonders dann, wenn ich mal wieder durch schwierige Zeiten gehe. Denn unsere Vision für die Zukunft sollte groß genug sein, dass sie uns trotz Schmerzen und Kämpfen auf dem Weg nach vorne bringt. Es muss sich lohnen, wofür wir kämpfen. Und es kommt darauf an, welche Perspektive du einnimmst; sie wird dir helfen, Schwierigkeiten durchzustehen und Schmerzen in Leiterschaft zu akzeptieren. Wenn du ähnlich wie ich tickst, dann wirst du Schmerzen nicht freiwillig suchen. Aber du wirst auch nicht alles tun, um ihnen zu entkommen, sobald sie dir begegnen. Und nur weil du Schmerzen in Verantwortung und Scheitern erleben wirst oder Krisen sich wie komplettes Versagen anfühlen, heißt das nicht automatisch, dass du ein erfolgloser Leiter oder eine schlechte Leiterin bist. Vielleicht flüstert es dir manchmal die innere Stimme zu, aber sie tischt dir hier eine Lüge auf.

Erfolg wird nicht daran gemessen, wie viel du geschafft hast, sondern auf wie viel Widerstand du stößt und wie viel Mut du hast, den Kampf gegen diesen Widerstand aufzunehmen. Es gibt für uns Leitende, die wir Gott kennen, keine Erfolgsskala, an der wir uns orientieren sollten. Unser einziger Maßstab ist, wie gehorsam wir in dem allen Gott gegenüber bleiben. Du wirst ein glaubwürdiger Leitender sein, wenn du selbst durch Krisen und Kämpfe hindurchgegangen bist. Nur das gibt dir die Möglichkeit, anderen in ihren Wunden zu begegnen.

ERFOLG WIRD NICHT DARAN GEMESSEN, WIE VIEL DU GESCHAFFT HAST, SONDERN WIE VIEL MUT DU HAST, GEGEN WIDERSTAND AUFZUSTEHEN.

Viele Leitende können nicht mit Schmerzen umgehen und geben auf

Bedauerlicherweise geben sehr viele Menschen vorzeitig ihre Verantwortung auf. Chand berichtet von den USA, dass nur einer von zwanzig Pastoren noch im Dienst ist, wenn er das Rentenalter erreicht hat.[4] Das entspricht einer Verbleibquote von nur fünf Prozent! Der Leiter der internationalen Lausanner Bewegung, Dr. Michael Oh, erzählte, dass 60 Prozent aller Leitenden ihre Aufgabe nicht beenden, sondern frühzeitig abbrechen, weil sie nicht mehr können. Die Mehrheit von ihnen gibt sogar schon in den ersten fünf Jahren auf.[5] Ich weiß nicht, wie es dir geht, wenn du solche Zahlen liest. Ich denke dann oft: »Hoffentlich bin ich diese zwanzigste Person, die bis zur Rente durchhält.« Ich möchte es doch schaffen.

Im Herzen weiß ich sicher, dass ich von Gott berufen bin. Ohne Wenn und Aber! Und dass er mich gewollt und damit auch eine Idee hat, wie er mich auf dieser Erde als Weltveränderin gebrauchen möchte. Aber dann schaue ich mich um und sehe, wie viele meiner Freundinnen und Freunde ihren Dienst für Gott quittiert haben. Wie finanzielle, theologische oder Beziehungskrisen alles, was mal war, zunichtemachen. Wo eine Gemeindegründung in den Sand gesetzt wurde und daraufhin die Ehe in eine Krise geriet. Wo Leiter Krankheiten bekommen oder ein Familiendrama so eskaliert, dass ein Dienst nicht mehr möglich ist. Wo Leitende frühzeitig abbrechen und, damit verbunden, auch oft ihren Glauben an den Nagel hängen. Vermehrt hören wir über Selbstmorde von Pastoren, die mit ihrem Leben und ihrer Verantwortung nicht mehr klarkamen.

Ich höre diese drastischen Statistiken und eine Stimme, die in meinem Kopf flüstert: »Ja, wenn das so viele nicht schaffen, wieso solltest du es denn schaffen, Evi? Du bist doch auch nicht anders, nicht besser oder mehr berufen.« Ob diese Statistiken prozentual genau auf uns im westlichen Europa zutreffen, weiß ich nicht. Was ich aber weiß, ist: Jede Führungskraft, die aufgibt, ist eine zu viel. Deshalb schreibe ich dieses Buch. Deshalb setze ich mich für die nächste Generation von Leitenden ein. Deshalb darf es an vielen Stellen mein Herz kosten.

Schmerzen können Wachstum hervorbringen

Meine eigene Leitungskrise hat mich gebrochen, aber nicht zerbrochen. Sie hat mir Schmerzen zugefügt, aber mich auch Heilung erleben lassen. Gott hat mir so treu hindurchgeholfen, dass ich heute wieder leiten darf. Und ich habe gelernt, den Reichtum zu entdecken, der in diesen Schmerzen steckt. Man erkennt ihn vielleicht erst auf den zweiten oder dritten Blick. Mein Ziel ist es, mit dir diesen Reichtum zu entdecken und diesen Schatz zu heben.

Angefangen in unserer Kindheit, in der wir manchmal ganz physisch Wachstumsschmerzen erleiden, zieht es sich durch unser Leben durch, dass wir immer wieder mit etwas Schmerzhaftem konfrontiert werden – äußerlich wie innerlich. Das gilt auch für unsere Leiterschaft. Dabei erklimmen wir sprichwörtlich Berge und steigen dann wieder tief ins Tal hinab. Wir erleben aufregende, inspirierende Dinge als Leiterinnen und Leiter. Wir sind beflügelt und denken, es gebe nichts Schöneres auf dieser Welt. Und dann kommt der ungewollte Sinkflug. Vielleicht auch eine Bruchlandung, und wir fragen uns, wie es noch mal auf dem Berg aussah. Er scheint so fern.

Chand schreibt in diesem Zusammenhang: »Wachstum bedeutet Veränderung. Veränderung bedeutet Verlust. Verlust bedeutet Schmerzen. Also ist Wachstum gleich Schmerz.«[6] Wir werden kein Wachstum in uns selbst und in unserer Arbeit erleben, ohne dass wir nicht auch durch Schmerz und Leid hindurchgehen. Schmerzen sind Teil unserer Entwicklung – persönlich, charakterlich, geistlich und auch in unserer Position als Leitende. Alles, was wächst, erlebt Schmerzen. Wenn ich also versuche, Schmerz zu vermeiden, vermeide ich auch das Wachstum. Und ja, es könnte bedeuten, dass du für eine Leitungsverantwortung einen hohen Preis zahlen musst.

Der amerikanische Professor für beratende Psychologie, Referent und Autor Dan Allender schreibt in seinem Buch *Leading with a limp* (dt. »humpelnd leiten«) über seine Leitungserfahrung: »Leiten ist vielleicht das Kostspieligste, was du jemals tun wirst. Und es kann sein, dass diese Funktion dir niemals Reichtum, Ehre oder Anerkennung bringen wird.«[7] Aber dabei belässt Dan Allender es nicht. Während er von einer eigenen Leitungskrise berichtet und uns mit hineinnimmt in die Herausforderungen eines Leitenden, schreibt er: »Es ist das Kostspieligste, aber auch das Schönste, was ich jemals tun konnte.« Und er fügt an: »Und ich würde es sofort immer wieder machen.« Er ist bereit, den Preis für Leiterschaft zu zahlen, immer wieder neu. Warum? Weil er sich von Gott berufen weiß und eine starke Vision hat, die ihn stets zum Aufstehen animiert.

ALLES, WAS WÄCHST, ERLEBT SCHMERZEN.

Wir können als Leitende nur wachsen, wenn wir bereit sind, auch mit den Schmerzen mitzuwachsen. In der Bibel wird immer wieder beschrieben, wie Gott diese schmerzhaften Situationen nutzt. Zum Beispiel schreibt Paulus im Römerbrief:

> Wir danken Gott auch für die Leiden, die wir wegen unseres Glaubens auf uns nehmen müssen. Denn Leid macht geduldig, Geduld aber vertieft und festigt unseren Glauben, und das wiederum stärkt unsere Hoffnung.
> *Römer 5,3-4; HFA*

Wir dürfen also erleben, dass Schmerzen und Leiden uns helfen zu wachsen. Dass unsere Leiterschaft durch Schmerzen an geistlichen Früchten reift: Geduld zum Beispiel. Und dass unser Glaube durch Bewährungsproben fest und unerschütterlich wird (Jakobus 1,3).

Wenn wir vor dem Schmerz und dem Preis, der damit verbunden ist, zurückweichen, wird es schlussendlich für unsere Gemeinde, unseren Dienst, unsere Verantwortung bedeuten, dass unser Wachstum stagniert oder sich zurückentwickelt. Aber wenn wir bereit sind, diese Schmerzen zu ertragen, gibt es keine Limits, wie Gott durch uns wirken kann.

Schmerz als Werkzeug in unserer Werkzeugkiste

Wenn wir Schmerzen in Leiterschaft also nicht verhindern können, müssen wir als Leitende unbedingt lernen, mit Schmerzen und Verletzungen richtig umzugehen. Jeder von uns benötigt dazu eine eigene Strategie, damit die Schmerzen nicht chronisch werden. Oder wenn sie wie bei Paulus chronisch sind, müssen wir lernen, sie anzunehmen. Wir können Verletzungen nicht verhindern, aber wir können etwas dafür tun, dass die Wunde zu einer gesunden Narbenbildung kommt und nicht jahrelang vor sich hin eitert und sich auf den Rest unseres Lebens auswirkt.

Als Kinder haben wir vielleicht geweint, wenn wir hingefallen sind. Wir wurden von jemandem, der uns liebt, getröstet. Manche besonderen Pflaster wanderten auf unsere Hände, Ellenbögen oder Knie. Nachdem der Schmerz vorbei war, trugen wir die Pflaster wie eine Trophäe.

Je älter wir wurden, umso weniger weinten wir laut. Wir entwickelten stattdessen das lautlose Weinen des Herzens. Und dazu eine innere Strategie, Schmerzen zu stoppen. Aber wie heilsam kann es sein, mal alles herauszuweinen und dabei zu spüren, wie uns gefühlte Steine vom Herzen plumpsen! Das gestatten wir uns kaum, oder? Als Erwachsene stehen wir da doch drüber, Schmerzen machen wir mit uns selbst aus. Wir haben dafür manche gute und auch weniger gute Strategie im Umgang mit Schmerzen

ALS ERWACHSENE ENTWICKELTEN WIR DAS LAUTLOSE WEINEN DES HERZENS.

entwickelt. Aber effektiv sind sie allemal. Oberflächlich scheinen die Schmerzen zu verschwinden. Doch ohne offenen Umgang verschiebt sich die Ursache nur – oft nach innen, in unser Herz. Manche Wunde betäuben wir mit Dingen, die uns mehr schaden als helfen. Schokolade hilft sicherlich ein wenig, aber auch nachhaltig? Oder ist es vielleicht der übermäßige Alkohol- oder Fernsehkonsum, mit dem wir versuchen, kurzfristig etwas, was uns richtig getroffen hat, zu vergessen oder kleinzureden? Wie wir auf gesunde Weise mit unseren Schmerzen als Leitende umgehen können, erkläre ich dir in Kapitel 5.

Als ich mich in meiner Krise befand, nahm der ehemalige internationale Direktor der Lausanner Bewegung, Doug Birdsall, mit mir Kontakt auf, um mich zu unterstützen. Er hatte durch einen Freund von mir gehört. Ich war sehr berührt, denn weder kannte er mich, noch spielten wir in der gleichen »Leiterschafts-Liga«. Wir trafen uns ein paar Monate später auf einen Kaffee, da wir an der gleichen Konferenz teilnahmen. Er sagte zu mir: »Evi, in ein paar Jahren schaust du dir deine schmerzvolle Geschichte an und du wirst erleben, wie dieser Schmerz ein Werkzeug in deiner Werkzeugkiste geworden ist.« Ich schaute ihn mit tränenerfüllten Augen an und antwortete: »Wirklich? Kann so etwas tatsächlich geschehen?«

Ich wünsche mir, dass du das ebenso erlebst. Denn Schmerz kann uns im Leben entscheidend weiterbringen. Verschwende ihn nicht, sondern nutze ihn für Gott und sein Reich. Eines Tages wird dein Schmerz auch für dich ein Werkzeug in deiner Werkzeugkiste sein.

Einfach durchboxen? – Profiboxer Alexander Dimitrenko über den Preis von Erfolg, wie wir durchhalten lernen und mit Schmerzen umgehen können

Ich möchte dich in die Schmerzerfahrung eines ehemaligen Europa-Boxmeisters mit hineinnehmen. Hier geht es primär um körperliche Schmerzen. Als Boxer begibt sich Alexander Dimitrenko bewusst in körperliche Extremsituationen. Sein Umgang damit zeigt uns mögliche Parallelen auf, wie wir mit inneren Schmerzen in unserer Leiterschaft umgehen können, wenn wir uns bewusst in geistliche und emotionale Extremsituationen begeben. Alexander boxte sich in etlichen Kämpfen bis zum begehrten Titel hoch, den er 2010 holte. Und er zahlte dafür einen hohen Preis. Mitten im entscheidenden Kampf brach er sich die Hand – und dennoch kämpfte er weiter bis zum Sieg. Warum und wie hat er das geschafft?

Alexander, du hast dir während eines wichtigen Boxkampfes die Hand gebrochen, bist dennoch im Ring geblieben und hast es sogar geschafft, deinen Gegner mit der anderen Hand k. o. zu schlagen und dir den Titel zu holen. Das klingt sehr verrückt und war sicher sehr schmerzhaft. Wie gehst du grundsätzlich mit Schmerz in deinem Leben um?
Der Schmerz gehört einfach zum Leben dazu. Schmerz ist der beste Freund in meinem Leben. Man wächst durch Schmerzen, wenn man sich schwierigen Situationen im Leben stellen muss. Es heißt ja: »Was dich nicht umbringt, macht dich stärker.« Und das glaube ich. Wenn du durchhältst und nicht vorab aufgibst, dann wirst du dadurch stärker.
Ich habe etliche solcher Kämpfe in meiner sportlichen Karriere gehabt. Wo ich Verletzungen erlebt habe, die mich komplett ausgeknockt haben. In solchen Situationen war es richtig schwer, wieder aufzustehen und weiterzumachen. Denn der Gegner wartet nicht. Er baut Druck auf und will dich zu Fall bringen. Aber du musst durch solche Situationen hindurchkommen, aushalten und durchhalten. Mein Tipp ist: Denk immer daran, dass es für den Gegner auch schwer ist.

Ein ganz besonders schmerzvoller Kampf war, als ich mir gleich zu Beginn die rechte Hand brach. Es war in der dritten oder vierten Runde. Und doch konnte ich den Gegner in der fünften Runde schlagen und vorzeitig gewinnen. Und das nicht mit der rechten Hand, sondern mit der linken. Als ich anschließend zur Ruhe kam, wurde ich so froh darüber, nicht aufgegeben zu haben. Auch wenn dann Metallplatten und Schrauben auf meine Hand warteten, die ich bis heute in mir trage.

Was hat dir geholfen, in solch schweren Situationen durchzuhalten?
Für mich ist Hiob aus der Bibel ein wichtiges Beispiel. Er hat so viel Tragisches erlebt. Er verlor alles. Er war damals der reichste Mann im Osten und verlor alles: Besitz, Geld und seine Kinder. Trotzdem hielt Hiob durch. Gott segnete ihn und vertraute ihm mehr an, als er zuvor bekommen hatte. Solche Geschichten aus der Bibel motivieren mich, selbst nie aufzugeben.
Dann hatte ich auch eine Psychologin, die mit mir für die Kämpfe mental gearbeitet hat. Aber tatsächlich hat mir das wenig gebracht. Das Wichtigste für mich ist meine Zeit allein mit Gott, in der ich zu ihm beten kann und ihn um Hilfe bitte. Besonders am Morgen nehme ich mir Zeit für Gott, in der ich in meinem Glauben reifen und wachsen kann. Es ist ein Prozess. Und diese Zeit trägt mich auch in den Kämpfen. Gerade in solchen Kampfzeiten bete ich ganz praktisch: »Gott, hilf mir bitte. Gib mir bitte die Kraft, solche Zeiten durchzustehen.« Und Gott tut es. Und ich boxe mich weiterhin mit ihm durch. Eine große Herausforderung kam auf mich 2014 zu. Ich hatte mir die Achillessehne gerissen. Acht Monate dauerte es, in denen ich nichts machen konnte. Nur Reha. Ich hatte keine Kondition mehr. Es war so schwer für mich, den Sport dann wieder aufzunehmen. Wieder an die Grenzen zu gehen und darüber hinaus. Als ich anfing, wieder zu trainieren, musste ich mich ständig übergeben, mir wurde schwindelig und schwarz vor den Augen. Aber ich musste durch diese Schmerzen hindurch. Und tatsächlich habe ich nach 2014 große Boxkämpfe bestritten wie zum Beispiel in Neuseeland, Amerika und Frankreich. Alles nach meiner großen Verletzung. Wenn ich darüber nachdenke, dann bekomme ich eine Gänsehaut. Es ist für mich selbst sehr bewegend und ich bin so dankbar.

Was bewegt dich daran so?

Es gibt Wachstumsschmerzen, die Kinder körperlich erleben, während sie wachsen. Daher ist der Schmerz nicht einfach etwas Negatives. Das Gleiche gilt für uns Erwachsene: Während wir wachsen, erleben wir Schmerzen. Wenn du sie nicht erleben würdest, wärst du tot.

Man lernt, mit Schmerzen klarzukommen. Wenn ich trainiere und mich auf Kämpfe vorbereite, muss ich durch Schmerzen gehen. Ich muss bis an die Grenzen meiner Möglichkeiten gehen. Deshalb ist Schmerz mein bester Freund. Ich habe fast 25 Jahre lang trainiert und geboxt. Ich begann schon als kleiner Junge damit und setzte mir Ziele. Um sie zu erreichen, habe ich alles gegeben. Und das braucht die Gesellschaft auch von uns. Dass wir alles geben und durch Schmerzen hindurch unsere gottgegebenen Ziele erreichen. Bloß nicht zu früh aufgeben!

Alexander Dimitrenko ist auf der Krim geboren und kommt aus einer Familie mit vier Geschwistern. Seit zwanzig Jahren ist er in Deutschland, hat Sozialarbeit studiert und arbeitet als Sozialpädagoge in Hamburg. Er verließ inzwischen die Profi-Boxarena und engagiert sich heute im Bereich Kinder- und Jugendarbeit.

Ich wünsche dir und mir, dass wir Schmerzen erwarten und annehmen lernen, wenn wir in einer Leitungsaufgabe stehen. Dass wir sie nicht wie einen Feind behandeln, sondern wie einen Freund, so wie es Alexander Dimitrenko so treffend beschreibt. Vielleicht wie deinen besten Freund? Denn nur durch Schmerzen hindurch werden wir wachsen.

Fragen zur Reflexion

- Was löst der Gedanke in dir aus, dass so wenige Leitende bis ans Ende ihres Lebens durchhalten?
- Welche Schmerzen sind in deinem Leben gerade sehr präsent?
- Betrachtest du sie als Feind oder Freund?
- Welchen Schmerzen möchtest du dich stellen und an welche hast du dich irgendwie schon zu sehr gewöhnt?
- Welche Lektionen haben dich die vergangenen Schmerzen gelehrt?

Werde aktiv!

- Starte ein Schmerztagebuch und halte fest, was dich gerade bewegt, berührt und verletzt. Reflektiere, welches Ausmaß die Schmerzen auf dich hatten und haben.
- Erstelle einen Zeitstrahl. Identifiziere die wichtigsten Ereignisse (freudige und schmerzliche) in deinem Leben, selbst wenn nur du darüber Bescheid weißt. Dann liste die fünf schmerzhaftesten Ereignisse deines Lebens auf. Wie sehr verfolgen sie dich in deinen Gedanken, färben deine Emotionen und nötigen dich dazu, anderen zu gefallen, dich selbst zu beweisen oder dich vor Risiken zu verstecken?

WENN WIR MIT GOTT UNTERWEGS SIND, GEBEN SICH FREUDE UND LEID DIE HAND. DAS BESONDERE DARAN IST, DASS GOTT UNS VERSPROCHEN HAT, NIEMALS ALLEIN ZU SEIN.

Kapitel 2

Wir brauchen eine neue Theologie des Leidens

»Erfolg wird nicht an Zahlen gemessen, sondern daran, wie viel Liebe du hast.«
Bob Moffett[8]

»Wir im Nahen Osten heißen den Schmerz willkommen und sind geehrt, dass wir für Jesus leiden dürfen. Ihr im Westen tut alles dafür, bloß keinen Schmerz zu erleben«, sagte uns Ramez Atallah in einem missiologischen Workshop 2018 auf einer europäischen Leitungskonferenz. »Und das fängt schon im Kleinen an.«

»Oha«, dachte ich, »es stimmt.« Mir kam mein Rucksack in den Sinn, den ich zur Konferenz mitgebracht hatte, und ich ging in Gedanken den Inhalt durch: Notschminke, Schmerzmittel (natürlich nicht nur für mich, sondern auch, um Kollegen und Kolleginnen mitzuversorgen!), Pflaster (man könnte sich ja eine Blase laufen) etc. Natürlich wusste ich, Ramez meinte nicht nur meine kleine Notfallapotheke, aber ich fühlte mich ertappt.

Ramez Atallah ist seit vielen Jahren der Geschäftsführer der Bibelgesellschaft in Ägypten und hat erlebt, wie er persönlich und auch seine Arbeit immer wieder von Muslimen angegriffen wurden. Wie seine wunderschönen christlichen Buchhandlungen in Brand gesetzt und seine Mitarbeitenden verletzt wurden. Aber nie hörte er, wie sie sich darüber beklagten. Weder von ihm noch von anderen Christinnen und Christen kamen Klagen. Wenn wir von jungen Christen hören, die bereit sind, ihr Leben für Jesus zu lassen, dann kommen sie meist aus dem Nahen und Fernen Osten. Ich erinnere mich auch an einen ägyptischen Moderator, der im öffentlichen Fernsehen im Liveinterview in Tränen ausbrach, weil die Christen den Mördern ihrer Familienangehörigen vergaben. Seine Reaktion darauf, unter Tränen ausgesprochen: »Diese Christen sind aus Stahl gemacht.« Das ging um die ganze Welt.[9]

Während Ramez sprach, dachte ich über uns in Deutschland nach, über mich, über die vielen Krisen- und Kritikgespräche, die ich mit Leitenden führe: Wie kommt es, dass wir das Leiden so oft lieber vermeiden wollen, obwohl die Bibel sehr klar darüber spricht, dass Nachfolge Jesu auch immer bedeutet, einen Preis dafür zu zahlen? Wieso denken wir so oft, dass, wenn wir Jesus nachfolgen, alles noch schöner, größer und besser im Leben wird? Dass unser Kontostand sich unserem Glauben fügen wird und wir immer im finanziellen Überfluss schwimmen werden? Und mehr noch als das, dass Christsein bedeutet, ein *Happy-clappy*-Leben zu führen? Die wenigsten von uns würden das wohl so platt auf den Punkt bringen. Aber wenn wir ehrlich sind, haben wir doch oft genau diese Erwartung an Gott, oder? Was ist aber, wenn nicht alles gut läuft?

Afrika stellte meine Theologie auf den Kopf

Ich erinnere mich sehr gut an eine für mich sehr prägnante und theologisch heilsame Erfahrung, die ich in meinem Leben nicht mehr missen möchte. Als 25-Jährige flog ich Hals über Kopf für einen einjährigen Missionseinsatz nach Afrika. Spontan hieß, dass ich im Gepäck noch meine Impfauffrischungen mitnahm. Gut, ich hatte ein dreijähriges sehr cooles theologisches und missiologisches Studium in den Niederlanden vorab genossen. Wirklich vorbereitet auf das wahre Leben habe ich mich zwar nicht gefühlt, aber ich hatte viel gute Theorie im Kopf. Ich war ja dafür da, den Afrikanern und Afrikanerinnen das Evangelium zu bringen. Wirklich? Eigentlich flog ich nach Afrika, um zwei Missionarskinder als Lernhelferin während eines Schuljahres zu begleiten. Das klang aber nicht so spektakulär. Die Sehnsucht danach, von Gott interkulturell gebraucht zu werden, war größer.

Nun landete ich in einem Land, von dem ich weder genau wusste, wo es geografisch lag, noch konnte ich ein Wort Französisch. Dazu gesellte sich Malaria vom ersten Tag an – richtig blöd! Das hieß, anstatt erfolgreich für Jesus unterwegs zu sein, war ich von Anfang an entweder ans Bett gebunden oder quälte mich durch den Unterricht. Ich fühlte mich allein und verlassen, hatte wenig Kraft und fragte mich, wieso das denn passieren konnte. Ich war doch in Gottes Mission unterwegs und bereit gewesen, für ein Jahr oder auch länger alles aufzugeben, ihm nachzufolgen und in einem fremden Land für ihn zu arbeiten. Müsste das Gott nicht besonders sehen und segnen?

ICH BIN DOCH FÜR GOTT IM EINSATZ – MÜSSTE ER MICH DANN NICHT BESONDERS SEHEN UND SEGNEN?

Ich war jung und naiv. Das ist an sich ja super, aber meine Theologie hatte einen Haken. Einen ganz großen! Ich dachte, mit Gott unterwegs zu sein, würde mich vor allem Schlimmen bewahren. Mindestens vor Krankheiten. Das wurde mir klar, als ich meine afrikanischen Geschwister um mich herum besser kennenlernte und sie beobachtete. Sie hatten eine andere Theologie. In einem muslimischen Land lebend ertrugen sie nicht nur die Nöte Westafrikas, verloren ständig Familienmitglieder durch Malaria und andere tropische Krankheiten und wurden von Schlangen gebissen! Sie erlebten auch, was es hieß, wegen des Glaubens an Jesus verfolgt zu werden. Nachfolge konnte bedeuten, aus der Familie ausgestoßen zu werden, kein Essen mehr zu bekommen, seine Heimat, seinen Job und vielleicht auch sein Leben zu verlieren. Aber sie glaubten dennoch an Gott!

Gott trug meine afrikanischen Geschwister durch die schweren Zeiten hindurch. Leid stärkte ihr Vertrauen auf Gott. Das war ein Aha-Moment für mich. Gefühlt dahinsiechend erlebte ich im afrikanischen Krankenbett, wie Gott mich durchtrug. Es dauerte etliche Wochen, bis meine Kraft wieder zurückkehrte, aber sie tat es. Ich dankte Gott für Medizin und rettende Engel. Einer davon war eine US-amerikanische Missionarin, Mary Ellen. Sie setzte sich öfter an mein Bett und sprach mir Gottes Liebe zu, die so unabhängig davon ist, was ich für Gott tue oder auch nicht tue. Sie sang mir Lieder vor, die Gottes Gnade zum Thema hatten. Mary Ellen hatte eine ziemlich furchtbare Gesangsstimme (ihre eigenen Worte), aber sie folgte Gottes Impuls, mir eine Ermutigung zu sein. Und das war sie wirklich!

Als ich an Weihnachten das zweite Mal Malaria bekam, war ich innerlich viel klarer unterwegs. Gott würde mir auch jetzt zur Seite stehen. Mir war bewusst geworden: Sachen geschehen im Dienst, die nicht von Gott gewollt sind, aber sie passieren und Gott trägt durch. Und das Leid, das geschieht, hält ihn nicht davon ab, seine Pläne zu realisieren. Im Gegenteil: Ich kann sogar Teil dieser gigantischen, göttlichen Heilspläne in Afrika sein, *während* ich krank im Bett liege. Dass ich ganz frei von Aktionismus bin und mein Vertrauen auf Gottes Versorgung und seine Souveränität krisentauglich wird – das ist eben auch ein Teil dieser guten, ganzheitlichen Pläne Gottes.

Am Ende meiner Zeit in Afrika bat mich einer meiner afrikanischen muslimischen Freunde, doch mit ihm gemeinsam die Bibel zu lesen. Natürlich freute ich mich sehr darüber, fragte ihn aber auch nach dem Grund. Er sagte: »Ich habe dich die ganze Zeit erlebt, auch deine vielen Wochen der Krankheit, und ich habe gesehen, wie dein Gott dich trägt und sich um dich kümmert. Diesen Gott möchte ich kennenlernen!« Bevor ich ins Flugzeug zurück nach Deutschland stieg, beteten wir zusammen, und er entschied sich, ein Nachfolger Jesu zu werden.[10]

Diese Erfahrung hat meine Theologie des Leidens auf den Kopf gestellt, sie revidiert und mich herausgefordert, die Bibel nochmals anders zu lesen und zu verstehen. Im Hinblick darauf, wie Menschen Jesus nachfolgen und was Gott denen verspricht, die seine Kinder sind. Ich wollte die Bibel mehr so lesen wie meine Freunde in Afrika.

Die Bereitschaft, Jesus zu folgen – ohne Wenn und Aber

Nachfolge bedeutet, Gott mit ganzem Herzen zu lieben und zu ehren. Ihn an die erste Stelle zu setzen und auf eigene Wünsche zu verzichten. Tatsächlich bedeutet es auch, bereit zu sein, mit ihm zu leben und, wenn er es jemals von uns fordert, für ihn zu sterben. Die Christen in Ägypten haben oftmals genau diese Einstellung. Ramez Atallah erzählte, wie einige der jungen Christen sogar weinten, als sie einen der terroristischen Attentate überlebt hatten. Ihre Einstellung ist, lieber zu sterben, weil sie bei Jesus sein wollen. Das ist für mich erst mal schwer nachzuvollziehen, dürfen wir doch auch das Leben fröhlich genießen. Eine gute Balance ist hier wichtig.

Paulus schreibt an die Korinther: »Darum bin ich guten Mutes in Schwachheit, in Misshandlungen, in Nöten, in Verfolgungen und Ängsten um Christi willen; denn wenn ich schwach bin, so bin ich stark« (2. Korinther 12,10; LUT). Diese Bereitschaft des Paulus, Jesus ohne Wenn und Aber nachzufolgen, ist eine große Herausforderung für mich. Ich bin gerne mit Jesus unterwegs, wenn alles glattläuft, und benutze Jesus vielleicht auch wie ein altes Bügeleisen. Was schrumpelig aus der Wäsche kommt, kriegt er schon glatt gebügelt. Mir geht es schon gut, aber mit Jesus geht es mir einfach besser. Doch das ist eine Herzenshaltung, bei der ich nicht wirklich bereit bin, den Preis für die Nachfolge zu zahlen. Die wenigsten von uns in Europa werden für ihren Glauben sterben müssen. Dafür geht es uns hier viel zu gut. Wir wissen nicht wirklich, was Verfolgung bedeutet. Wenn jemand uns wegen unseres Glaubens an Jesus verspottet, fühlen wir uns schon beleidigt und »verfolgt«.

Ajith Fernando, ehemaliger Leiter von *Jugend für Christus* in Sri Lanka, schrieb in seinem Aufsatz *Embracing suffering in service* (»Das Leiden im Dienst umarmen«)[11]:

> Ich berichte meinen Gebetsunterstützern manchmal über meine Müdigkeit und bitte um Gebet. Viele antworten dann, dass sie dafür beten, Gott möge mich stärken. Interessanterweise bekomme ich unterschiedliche Nachrichten von Christen aus dem Westen und Osten. Ich habe immer mehr den Eindruck, dass viele im Westen denken, wenn jemand von zu viel Arbeit ausgelaugt ist, dass es Ungehorsam Gott gegenüber bedeutet. Ich glaube schon, dass es falsch ist, wenn man durch Getriebensein und durch die eigenen Unsicherheiten krank wird. Aber

sollten wir nicht auch bereit sein, den Preis der Müdigkeit zahlen zu können wie Paulus, wenn wir Menschen dienen?

Das Neue Testament benennt sehr klar, dass die, die für Gott arbeiten, aufgrund ihres Dienstes leiden werden. Müdigkeit, Stress und Strapazen gehören dazu. Paulus berichtet öfter über die physischen Belastungen, die der Dienst mit sich brachte. Es bedeutete eine emotionale Belastung (Galater 4,20; 2. Korinther 11,27), Ärger (2. Korinther 11,28), schlaflose Nächte und Hunger (2. Korinther 6,5), Krankheit (2. Korinther 4,8) und Arbeiten bis zum Umfallen (Kolosser 1,29).

Der Westen kann dem Osten vielleicht nahebringen, wie notwendig es ist, Zeiten der Ruhe einzuplanen, und andersherum der Osten uns, wic man auch physische Probleme als Teil des Dienstes akzeptieren kann.

Was Gott uns im Hinblick auf Schmerzen und Leid verspricht

»Wie der Vater mich gesandt hat, so sende ich euch«, spricht Jesus seinen Jüngern zu (Johannes 20,21). Zur Sendung gehört die Nachfolge Jesu, und als seine Jünger sind wir ebenfalls gefragt, das Kreuz auf uns zu nehmen. Damit meine ich weniger bildlich das Kreuz, das Jesus getragen hat, sondern das, wofür das Kreuz steht: alles Schwierige, das wir im Leben mit und für Jesus erleben werden. Und so wie das Kreuz ein Teil der Jüngerschaft ist, so muss die Gemeinde Jesu christliche Leitende trainieren, Schmerz und Ablehnung zu erwarten. Wenn wir mit Gott

DIE GEMEINDE JESU MUSS CHRISTLICHE LEITENDE TRAINIEREN, SCHMERZ UND ABLEHNUNG ZU ERWARTEN.

unterwegs sind, geben sich Freude und Leid die Hand. Das Besondere daran ist, dass Gott uns versprochen hat, niemals damit allein zu sein. Er ist mit uns, um uns, in uns, hinter uns und vor uns.

Was verspricht uns Gott noch in seinem Wort und wie könnte es unsere Theologie des Leidens wo nötig ausbalancieren? Folgende vier Versprechen Gottes sind mir hierbei besonders wichtig:

Gott verspricht, dass wir Schwierigkeiten erleben werden

Vielleicht denkst du jetzt: »Das ist aber ein tolles Versprechen! Darauf könnte ich verzichten.« Nachfolge Jesu bedeutet automatisch *Trouble*. Er ist sozusagen vorprogrammiert. Deshalb ermutigt Jesus seine Nachfolger: »Dies habe ich mit euch geredet, damit ihr in mir Frieden habt. In der Welt habt ihr Angst; aber seid getrost, ich habe die Welt überwunden« (Johannes 16,33; LUT). Jesus verspricht nicht, dass wir kein Leid erleben werden. Er gibt uns aber das Versprechen, dass wir getrost sein dürfen, weil er der Trostspender ist und wir in ihm immer wieder neu Frieden trotz aller Umstände finden können.

Wir haben leider kein Recht auf ein Leben ohne Schwierigkeiten. Das eigene Leid und das Leid um uns herum zu ertragen, ist nicht leicht. Jeder von uns trägt mit seiner persönlichen Geschichte leichtes oder schweres Gepäck mit sich. Aber mit Jesus zusammen dürfen wir das Leid überwinden. Er selbst weiß doch am besten, was Leid bedeutet.

Gott verspricht, mitten im Leid dabei zu sein

Was immer uns widerfährt im Glauben und auch als Leitende, ist kein Indiz dafür, ob Gott uns mehr liebt als andere oder weniger. Jesus sagte, dass Leid kommen, aber dass Gott sich mittendrin offenbaren wird (z. B. Johannes 16). Das erlebten Menschen in der Bibel wie Hiob, der ebenso wie David mit Gott gerungen, sich in seinem Elend von Gott verlassen gefühlt und gefragt hat: »Warum, Gott?« (Psalm 22,2).

Dietrich Bonhoeffer formuliert es in seinem berühmten Gedicht so:

> Und reichst du uns den schweren Kelch, den bittern,
> des Leids gefüllt bis an den höchsten Rand,
> so nehmen wir ihn dankbar ohne Zittern
> aus deiner guten und geliebten Hand.[12]

Das Leid dankbar aus Gottes Hand zu nehmen, braucht eine Entscheidung von mir. Es lädt mich ein, meine Wunden in die größeren Hände Gottes zu legen. In Jesus Christus sehen wir, wie Gott leidet – für dich und mich. Und er ruft uns, Teilhabende an Gottes leidender Liebe für eine verwundete Welt zu sein. Paulus schreibt, wie wir mit Christus leiden, so sollen wir auch seine Herrlichkeit mit ihm teilen (Römer 8,17). Die kleinen und manchmal auch überwältigenden Schmerzen unseres Lebens sind eng mit den größeren Schmerzen Jesu verbunden. Unsere täglichen Sorgen sind verankert in größeren Sorgen und darum auch in größerer Hoffnung. Nur wenn ich mit Christus leide, kann ich auch mit ihm die Herrlichkeit erleben. In allem erlebe ich, dass ich mit Jesus bin und er mit mir ist.

Gott verspricht, dass der Tod nicht das Ende ist

Wir Christen haben die unendliche Hoffnung in uns, dass uns nichts von Jesus trennen kann. Jesus selbst hat den Tod besiegt. Deshalb liebe ich jedes Jahr neu die Feierlichkeiten rund um Ostern. Das Nachempfinden der Schmerzen Gottes, die Schwere des Karfreitags und des Zwischentags, an dem alles verloren scheint. Und dann bricht der Ostermorgen an in all seiner Herrlichkeit und mit dem Triumpf über den Tod. Jesus ist auferstanden, und mit ihm auch wir. Dem Tod ist die Macht genommen. Gott offenbart uns an Ostern und damit täglich seine unendliche Liebe, in der er mit uns die Zeit auf Erden und in der Ewigkeit verbringen möchte.

In 2. Timotheus 1,10 lesen wir: »Er (Jesus) hat die Macht des Todes gebrochen und mit der guten Botschaft den Weg zum ewigen Leben ans Licht gebracht.« Damit ist der Tod nicht das Ende.

Gott verspricht nicht, dass alles gut wird – aber ein gutes Ende

Jesus verheißt in den Seligpreisungen (Matthäus 5), dass diejenigen glückselig sind, die trauern, denn sie werden getröstet werden. Glückselig sind die, die verfolgt werden, weil sie für Gottes Gerechtigkeit eintreten. Ihnen allen gehört das Königreich. Es heißt nicht, dass alles gut ist, was wir erleben werden, aber das Ende wird gut.

Ein Pastor aus Amerika, Tim Chaddick, fühlte sich von Gott gerufen, mit seiner Frau nach London zu ziehen und nach dem Aufbau einer Megakirche in Los Angeles nun Co-Pastor einer anglikanischen Kirche zu werden. War er einmal sehr bekannt und erfolgreich in seinem eigenen Land gewesen, wurde er nun zu einem Niemand in einem anderen Land. Das war an sich schon eine demütigende, aber dennoch hilfreiche Erfahrung.

Im zweiten Jahr in England starb das vierjährige Kind seines besten Freundes. Gemeinsam trauerten die beiden Familien. Wie sollte Tim seinen besten Freund trösten? Welches Fundament trägt in so einer Krise? Als er uns Jugendleitenden auf einer Tagung davon berichtete, erzählte er von seinen Zweifeln, aber auch davon, warum er immer noch mit Gott unterwegs ist und im Dienst steht: »Mit meiner Frau zusammen habe ich an unserer Hochzeit gemeinsam gebetet und Gott gesagt: ›Was immer wir erleben werden, was immer uns geschehen wird, unsere Entscheidung steht fest: Wir folgen dir, was auch immer kommen mag!‹«

Sind wir bereit, Gott zu vertrauen? Der Weg, der vor uns liegt, kann schwierig werden. Menschen wenden sich von uns ab, Sicherheiten stellen auf einmal ein Risiko dar und Gott fühlt sich nicht immer nah an. Es gibt viele Gründe, die uns durchrütteln können. Leben wir nur im Hier und Jetzt? Wie schaffen wir es, der Realität ins Auge zu schauen und uns gleichzeitig auf die »glückselige« Ewigkeit vorzubereiten?

Woher kommt dieses »Wellness«-Evangelium?

Ich frage mich heute, warum ich damals bei meinem Missionseinsatz der festen Meinung war, dass mir in Afrika nichts passieren wird, wenn ich für Jesus unterwegs sein werde. Ich frage mich, warum wir oft so schnell versucht sind, unseren Glauben aufzugeben, wenn uns etwas Schlimmes widerfährt. Wie oft scheint unser Glaube abhängig zu sein von der Wetterlage. Bei Sonnenschein freuen wir uns über Gott, im Sturm klagen wir ihn an.

Ich habe es in diesem Zusammenhang als besonders erfrischend erlebt, immer wieder mit Christen aus aller Welt zusammen zu sein, ihre Geschichten zu hören, sie in ihrem Glauben zu erleben – wie beispielsweise Ramez es geschildert hat. Bei uns in der westlichen Welt fürchten wir uns vor Leid und versuchen, es mit jedem Mittel zu vermeiden. Die Deutschen sind Versicherungsweltmeister – wir sichern uns ab gegen alles, was unvorhergesehen Schmerzen oder Leid auslösen könnte. Wir packen uns in Watte, schirmen uns ab, bringen die Schäfchen ins Trockene. Diese Haltung wenden viele auch auf den Glauben an. Viele Christen haben die Erwartung, dass Gott sie vor allem Leid schützen wird, und pochen auf die Menschenrechte. Wenn sie Leid erleben, zweifeln sie oft an Gottes

Liebe: »Meint Gott es wirklich gut mit mir? Wenn Gott mich lieben würde, wäre dieses Leid nicht geschehen.«

Habe ich ein Recht darauf, dass es mir nur gut geht? Nein. Nicht, wenn wir die Bibel befragen. Meine Kultur sagt es zwar, aber wem schenke ich Glauben? Es ist an der Zeit, eine Entscheidung zu treffen: Sind wir bereit, den Preis der Nachfolge zu zahlen – und damit auch das Leiden beim Leiten anzunehmen? Vielleicht wäre es in diesem Zusammenhang gut, das folgende alte Lied hervorzukramen, um es neu zu beten und zu singen: »Ich bin entschieden, zu folgen Jesus. Niemals zurück. Niemals zurück!«

WENN WIR LEID ERLEBEN – ZWEIFELN WIR DANN AUCH AN GOTTES LIEBE ZU UNS?

Leiten und Leiden gehören zusammen – Doris Lindsay über unbequeme Entscheidungen in der Leiterschaft und welche Spuren negative Erlebnisse in ihrem persönlichen Glauben hinterlassen haben

Doris Lindsay ist Schweizerin und zusammen mit ihrem irischen Mann und ihren drei Kindern arbeiten sie als Missionare in Kapstadt, Südafrika. Gemeinsam gründeten sie 2016 das sozialdiakonische Werk HopeTown, das sich in gefährdete Jugendliche und ihre Familien investiert. Doris hat nebenher einen zweisprachigen Blog für Frauen ins Leben gerufen (More than Pretty[13]), um bewusst Leiterinnen zu stärken und zu fördern.

Doris, wie hast du Leitung bisher erlebt?

Ich empfinde Leiterschaft heute als ein großes Privileg und gleichzeitig als eine große Verantwortung in meinem Leben. Verantwortung zu übernehmen und Einfluss zu nehmen war schon immer ein Teil meines Lebens. Ich übernahm oft die

Initiative, wenn es um Projekte und Anliegen ging, und ich liebte es, Menschen darin einzubinden. Als ich mit vierzehn Jahren mein Leben Jesus gab und ihn stark erlebte, war es für mich irgendwie selbstverständlich, andere Menschen zu ihm zu bringen und ihnen zu helfen, im Glauben zu wachsen. Ich startete in der Jungschar als Minileiter und wuchs von Jahr zu Jahr in meiner Leiterrolle. Ich hatte immer Menschen (Pastoren, Jugendleiter, Einsatzleiter) um mich herum, die an mich glaubten und mir Chancen gaben und für offene Türen sorgten.

Ich erlebte meine erste negative Leiterschaftserfahrung, als ich realisierte, dass nicht alle mein Herz für die Menschen am Rande der Gesellschaft gleich stark teilten. Als 19-Jährige wurde ich »zurückgepfiffen« in meiner Leidenschaft, Jugendliche mit herausfordernden Geschichten in unser Kirchengebäude zu schleppen und mit ihnen Zeit zu verbringen. Es hieß, der Boden und andere Teile des Gebäudes könnten beschädigt werden, wenn sie mit ihren Skateboards herumflitzten und in den Innenräumen ihre Kebabs aßen. Auch wenn ich die Angelegenheit heute in reiferem Alter durchaus etwas besser verstehen kann und wahrscheinlich auch einiges differenzierter betrachten würde, so war es damals für mich als feurige Evangelistin eine Situation, die mich sehr herausforderte. Ich fühlte mich in meinem Auftrag, Menschen für Jesus zu erreichen, begrenzt und nicht ernst genommen. Interessanterweise formte es in mir einen Wert, der mir auch heute noch sehr wichtig ist. Ich versprach mir selbst damals, dass ich nie ein Gebäude über die Menschen, denen ich diene, stellen will.

Später machte ich eine Leiterschaftserfahrung, die mich auf eine völlig andere Art sehr prägte. Ich hatte einen Pastor, der mich und meinen Mann sehr unterstützte und förderte. Er öffnete uns Türen, wenn auch immer sehr zurückhaltend und sorgsam. Wir wuchsen in die Gemeindeleitung hinein und nahmen Einfluss in den verschiedensten Bereichen. Als wir zögerlich mitteilten, dass wir grundsätzlich noch mehr Verantwortung übernehmen wollten, spürten wir, wie unser Pastor Sorge hatte, wir könnten ihn »überholen«. Er fing an, uns zu kontrollieren und »kleinzuhalten«. So empfanden wir es jedenfalls in dieser Phase. Die Mentoringzeiten wurden anstrengend und weniger ermutigend. Doch wir wollten mehr ausprobieren, lernen und erfahren.

Dann bekamen wir das Angebot einer Jüngerschafts- und Leiterschaftsschule, dessen Leitung zu übernehmen. Wir prüften diese Anfrage mit unserem Leitungsteam in dem Wissen, dass das eine große Veränderung für unsere Gemeinde bedeuten würde, wenn wir weiterzögen. Unser Pastor meinte, dass wir noch zu jung seien und noch nicht bereit für eine solche Verantwortung. Er fand, wir sollten noch einige Jahre in der Gemeinde dienen und unsere Anstellungen nicht verlassen. Doch je mehr wir darüber sprachen, desto mehr empfanden wir, wir sollten gehen. In diesem Konflikt entschieden wir uns, in unserer Gemeindebewegung weise, verantwortliche Leiter (Älteste) aufzusuchen und sie um Rat zu bitten. Sie alle ermutigten uns, aus dem Schatten unseres Pastors herauszutreten und diese Chance anzunehmen. Das war so schwierig für uns, da wir nie die Gemeinde verlassen wollten, wenn unser Leiter nicht seinen Segen dazu geben würde. Wir liebten diese Gemeinde so sehr. Doch dann entschlossen wir uns, das Angebot trotzdem anzunehmen. Eine einsame und schmerzhafte Phase begann. Von diesem Moment an beendete der Leiter die Beziehung zu uns. Er öffnete sich nicht mehr persönlich und ebenso keine Türen mehr, da wir ja schließlich weggehen würden. Es war so, als hätte er uns fallen gelassen. Obwohl wir noch weitere eineinhalb Jahre in der Gemeinde dienten und alle unsere Dienste gut abschlossen, waren es lange Monate der Einsamkeit, weil die Beziehung zu unserem Pastor eingefroren war. Erst viele Jahre später bekamen wir einen Brief von ihm, in dem er sich für sein Fehlverhalten entschuldigte.

In dieser schmerzhaften Entscheidung wurde mir ein Punkt sehr wichtig, der mir bis heute viel bedeutet: Die Menschen in meinem Team und in unseren Diensten gehören nicht uns. Wir bauen nicht unser eigenes Königreich. Wir investieren in Menschen lebenslang und der Dienst geht über unsere eigene Leiterschaft hinaus.

Wie gebrauchte Gott Schmerzen wie diese in deinem Leben zum Guten?

Ich glaube, Schmerzen und Leiterschaft können wir nicht trennen und somit auch nicht umgehen. Wenn wir Verantwortung tragen und Einfluss auf Menschen nehmen, sind wir mittendrin im ***messy business***. Wir teilen Leben mit Menschen. Es wird früher oder später passieren, dass wir Dinge erleben, die uns verletzen, und dass wir uns hilflos und einsam fühlen. Gott gebraucht gerade diese Prozesse, um zu uns zu sprechen.

Ich kann mich an eine Situation vor ein paar Jahren erinnern, als wir einen unserer Jungen aus Ocean View, Südafrika, aufgrund eines Verbrechens verloren. Ich fühlte mich so ohnmächtig, hilflos und war enttäuscht von Gott, dass er ihn sterben ließ, obwohl ich so fest geglaubt hatte, dieser Junge würde geheilt. Ich fühlte mich von Gott alleingelassen und war wütend auf ihn, dass er nicht tat, wofür ich mit voller Sehnsucht gebetet hatte. Alle unsere jungen Leute hatte ich ermutigt, zu glauben und zu beten, und gab ihnen Zuversicht, dass Gott heilen würde. Ich war fest davon überzeugt, dass sich Gott verherrlichen würde. Doch Gott tat es nicht.

Es ist eine Sache, von Menschen enttäuscht zu werden, doch mich von Gott enttäuscht zu fühlen, empfand ich noch viel schlimmer. Ich war so wütend auf ihn. Ich klagte ihn an und hatte nächtliche Diskussionen mit ihm. Da sprach er in meiner tiefsten Verletztheit zu mir. Er zog mich zu sich zurück und zeigte mir durch Psalm 46, dass er in meinem »Erdbeben« mittendrin war und ich mich ihm mit all meinen Fragen und meinen Schmerzen anvertrauen sollte. Ich tat es. Es war eine lebensverändernde Erfahrung, denn ich erlebte die Liebe Gottes und seine Akzeptanz ganz neu.

Hat sich durch deine schmerzhaften Leitungserfahrungen deine Theologie geändert?

Definitiv. Ich glaube, ich bete weniger für gute Zeiten und schöne Momente, sondern für Gottes Gegenwart in meinem Leben. Wenn wir durch schmerzhafte Momente erkennen dürfen, wer wir wirklich sind, und dies dazu beiträgt, dass wir Gott näherkommen, dann erleben wir in dem Schmerz einen wunderbaren Segen Gottes.

Ich glaube auch nicht mehr, gesegnet zu sein heißt, dass wir keine Schmerzen haben und nicht verletzt sein dürfen. Wir dürfen verletzt sein und akzeptieren, dass wir schwach, hilflos, wütend, einsam oder was auch immer sind. Doch Gott

ist in diesen Momenten immer noch präsent. Auch wenn ich ihn nicht fühle und manchmal auch wegstoße, so ist er trotzdem da.
Er gibt mir Möglichkeiten, ihm näherzukommen und meine Abhängigkeit zu ihm zu vertiefen. Ich glaube, das Lebensmotto für schwierige Leitungssituationen ist Micha 6,8. Dort heißt es, dass wir in Demut vor Gott unser Leben führen sollen. Demut heißt, in diesem Moment zu wissen, dass wir nicht übermächtig sein müssen, da wir einen Gott an unserer Seite haben, der mächtig ist. Er läuft mit uns mit und jede noch so schwierige Situation endet irgendwann. Wir dürfen entscheiden, auf welche Weise die Situation für uns endet: Wachsen wir näher zu Gott oder entzweit es uns von Gott und wir werden bitter? Gottes Sehnsucht ist immer, uns näher zu ihm zu bringen.

»WIR DÜRFEN ENTSCHEIDEN, WIE LEID FÜR UNS ENDET: WACHSEN WIR NÄHER ZU GOTT ODER WERDEN WIR BITTER?« – DORIS LINDSAY

Fragen zur Reflexion

- Wie stehst du zum Leid in Leiterschaft?
- Was hat dein Verständnis dazu geprägt?
- Wo klaffen bei dir biblisches und persönliches Verständnis auseinander?
- Wie könntest du dich mit verfolgten Männern und Frauen in anderen Ländern solidarisieren?

Werde aktiv!

- Nimm dir deine Bibel und ein Nachschlagewerk und führe ein Studium zum Thema Nachfolge Jesu und Leid durch.

Was sagt die Bibel und wie kannst du es auf dein Leben anwenden?

- Informiere dich zum Beispiel bei *Open Doors* (*www.opendoors.de*) über die verfolgten Christen weltweit und bete für sie regelmäßig, dass Gott ihnen im Leid begegnet und sie standhaft im Glauben bleiben.
- Das Lied *Ich bin entschieden, zu folgen Jesus* hat eine berührende Hintergrundgeschichte[14], da es mitten in der Verfolgung in Indien entstanden ist. Gehe dem Lied auf die Spur und überlege, welches Lied du heute schreiben würdest.

GOTT LIEBT, BERUFT UND BEFÄHIGT. GERADE DA, WO MENSCHEN DER BIBEL SCHWACH WAREN, BEGEGNETE IHNEN GOTT.

Kapitel 3

Wie du dienende Leiterschaft leben kannst – Lerne von biblischen Vorbildern

»Da wir von so vielen Zeugen umgeben sind, die ein Leben durch den Glauben geführt haben, wollen wir jede Last ablegen, die uns behindert, besonders die Sünde, in die wir uns leicht verstricken. Wir wollen den Wettlauf bis zum Ende durchhalten, für den wir bestimmt sind.«
Hebräer 12,1

Mit welchen Menschen in der Bibel identifizierst du dich? Wer sind deine biblischen Vorbilder in Bezug auf Leiterschaft? Josef, Mose, Debora, Paulus, Jesus, Maria, Ester, Johannes, Lydia? Oder vielleicht eher jemand, der kaum Erwähnung erfährt?

Die Bibel berichtet über Männer und Frauen, die Gott in Leitung berufen hat und die trotzdem nicht verschont wurden, Schwierigkeiten und Hindernisse zu bewältigen. Leider geschah es oft auch umgekehrt: Die Schwierigkeiten und Hindernisse überwältigten sie selbst. Manchmal entdeckten sie Gottes Absichten für diese Herausforderungen erst viel später. Oder sie erhielten wie Hiob schlichtweg keine Antwort auf ihre Warum-Frage: »Warum, Gott? Warum ich?«

Nicht alle von ihnen hatten besondere Berufungsmomente. Aber alle lebten in einer engen Beziehung zu Gott und wussten, dass sie für die Zeit, in der sie lebten, einen bestimmten Auftrag hatten. Manchen war das früher klar, manchen erst später. Alle diese Frauen und Männer erlebten, dass der Auftrag Gottes sie alles kosten würde und nicht nur ihr eigenes Schicksal, sondern das vieler Menschen entscheidend beeinflussen würde. In Hebräer 11 werden uns die sogenannten »Helden des Glaubens« in Erinnerung gerufen. Sie erlebten teilweise unglaubliche Herausforderungen, bevor sie den Segen Gottes erfuhren.

ICH BIN ERSTAUNT, WELCHE MENSCHEN GOTT BERUFEN HAT. VIELE VON IHNEN WÜRDEN NICHT AUF MEINER EINSTELLUNGSLISTE STEHEN!

Die »Helden« durchlitten Schmerzen, bevor sie Wachstum erlebten und ihr Vertrauen Gott schenkten. Ihre Begegnungen mit Gott geschahen immer auf ganz persönliche und individuelle Weise. Je tiefer ich in ihre Geschichten eintauche, umso erstaunter bin ich, welche Menschen Gott berufen hat. Viele von denen würden nicht auf meiner Einstellungsliste stehen, aber sie standen auf der von Gott!

Mose – Ein leidenschaftlicher Anführer, den Gott zum »Glänzen« bringt

Wie kommt ein Hebräer dazu, ein ganzes Volk aus der Gefangenschaft in Ägypten zu befreien? Wie konnte Gott Mose überzeugen zu leiten und wie hat ihn Gott in den krassen Herausforderungen geleitet?

Mose wurde als Hebräer in Ägypten geboren. Zu der Zeit mussten die Hebräer als Sklaven den Ägyptern dienen. Da der Pharao die Anzahl der Hebräer begrenzen wollte – er sah sich in seiner Macht bedroht –, wurden zu dieser Zeit alle neugeborenen Jungen getötet. Als Mose nun geboren war, versuchte seine Mutter, ihn vor dem Tod zu bewahren, und setzte ihn in einem Weidenkorb im Schilf des Nils aus, in der Hoffnung, dass er gefunden und am Leben gelassen würde. Die Tochter des Pharaos rettete das Baby aus dem Fluss, und Mose wuchs im Palast der Ägypter auf.

Mose war leidenschaftlich unterwegs – ein echter Choleriker. In seinem Leben hatte er dreimal folgenschwere Zornausbrüche. Das erste Mal erschlug er einen Ägypter, der als Aufseher einen hebräischen Sklaven umgebracht hatte. Nach diesem Zornausbruch verlor Mose alles, was ihm am Königshof lieb war, und wurde selbst zum Geflüchteten. Er lebte vierzig Jahre als Hirte in der Wüste, bis ihn Gott auf eindrückliche Weise berief – die berühmte Szene am brennenden Dornbusch. An diesem heiligen Ort in der Gegenwart Gottes fragte Mose ihn nach seinem Namen und Gott antwortete: »Ich bin, der ich bin.« Der allerheiligste Gott sprach persönlich mit Mose (2. Mose 1–4). Das war Moses Berufungsmoment zur Leitung. Gott forderte ihn auf, zurück nach Ägypten zu reisen, um das Volk Israel aus der Gefangenschaft in das verheißene Land Kanaan zu führen. Und er selbst bevollmächtigte Mose für diesen Dienst, der sich als ungenügend empfand: »Ich kann nicht gut reden« (2. Mose 4,10).

Dem Pharao bewies Mose, dass Gott am längeren Hebel sitzt. Nach den schlimmen Plagen, die über die Ägypter kamen, ließ der Pharao das Volk Israel schlussendlich ausziehen. Gott führte es in die Wüste und aufgrund von Ungehorsam verbrachte es vierzig Jahre im Niemandsland.

DER ALLERHEILIGSTE GOTT SPRACH PERSÖNLICH MIT MOSE. DAS WAR MOSES BERUFUNGSMOMENT ZUR LEITUNG.

Beim zweiten Zornausbruch war Mose vom Berg Sinai heruntergestiegen, nachdem Gott ihm auf Tafeln die Zehn Gebote übergeben hatte. Als Mose beim Volk ankam, sah er, dass die Menschen um ein goldenes Kalb tanzten und es anbeteten. In seinem Zorn zerschmetterte Mose die gerade frisch erhaltenen Gesetzestafeln, weil die Israeliten Gott misstraut hatten.

Das dritte Mal wurde Mose zornig, als das Volk Israel wieder Wasser benötigte. Es murrte und war auf Mose, ihren Anführer, wütend. Gott befahl Mose, dass er zu einem Felsen reden sollte. Der Felsen würde dann Wasser spenden. Mose war über sein Volk so zornig, dass er die Anweisung Gottes missachtete und wütend auf den Felsen schlug. Dies hatte für Mose zur Folge, dass er nicht in das verheißene Land mit einziehen, sondern es nur von ferne sehen durfte. Die Sünde eines Leitenden wurde hart bestraft.

Mose als Hauptleiter und die anderen Leitenden mussten schmerzhaft lernen, dass sie nichts unter Kontrolle hatten und von Gott abhängig waren. Doch auch, dass er sie in seiner Treue versorgte und das Volk durch diese aufregenden und anstrengenden Zeiten führte. Bis das Volk am Ende in Kanaan ankam, allerdings ohne Mose. Ihn auf seine teilweise zornige Leidenschaft zu reduzieren, würde ihm nicht gerecht werden. Durch alle schwierigen Situationen hindurch blieb Gott mit Mose unterwegs. Gott redete sogar von Angesicht zu Angesicht mit Mose, so wie Freunde miteinander reden (2. Mose 33,11). Sie hatten eine besondere Beziehung zueinander. Seine Begegnung mit Gott auf dem Berg ließ Moses Gesicht sogar so erstrahlen, dass er es bedecken musste (2. Mose 34,29).

Josef – In unvorstellbarem Terror formte Gott einen strahlenden Charakter

Was hat es mit Josef gemacht, so früh von Gott zu hören, dass er zum »Herrschen« berufen war, aber er dann noch jahrzehntelang unschuldig im Off verschwand? Wie hat ihn die Krisenzeit geformt?

Josef wurde durch den Verrat seiner Brüder zum Opfer (1. Mose 37). Sie waren auf seine Stellung als Lieblingssohn eifersüchtig und verachteten seine Träume, in denen er über sie herrschte. Zuerst wollten sie ihn umbringen, aber dann verkauften sie ihn an eine vorbeiziehende Karawane. Ihrem Vater Jakob übergaben sie ein blutiges Gewand, er nahm an, Josef sei von wilden Tieren gefressen worden.

In Ägypten wurde Josef von einem hohen Regierungsbeamten als Sklave gekauft. Sklave in der damaligen Zeit zu sein, bedeutete, Eigentum oder Besitz des Käufers zu sein. Damit waren alle Rechte am eigenen Körper, Verbleib und der Zukunft nichtig. Ein totaler Gehorsam wurde eingefordert und man war von der Willkür des Herren oder der Herrin abhängig. Gott war aber mit Josef und segnete seine Arbeit, sodass er als Verwalter für das Gut des Beamten eingesetzt wurde, der ihn gekauft hatte. Die Frau des königlichen Beamten versuchte, den hübschen Josef zu verführen. Als er sich der Herrin widersetzte, wozu er als Sklave eigentlich kein Recht hatte, bezichtigte sie ihn einer sexuellen Nötigung. Für viele Jahre kam er unschuldig ins Gefängnis. Auch dort segnete Gott ihn: zunächst innerlich, denn Josef wurde trotz all dieser Ungerechtigkeit und Ohnmacht über sein eigenes Leben wie durch ein Wunder nicht bitter. Und dann auch äußerlich: Man erkannte im Gefängnis erneut seine Leitungsbegabung und er wurde Mitarbeiter des Gefängnisdirektors.

Durch eine Serie von gottgewollten Ereignissen landete der verratene, beschuldigte, vernachlässigte und scheinbar vergessene Mann ohne Wert und Rechte in Augen der Menschen vor dem wichtigsten König seiner Zeit. Wieder nutzte Gott Träume in Josefs Leben. Nachdem er wichtige Träume des Pharaos gedeutet hatte, setzte der Josef zum zweitwichtigsten Mann im ganzen Land ein. Später, während einer Hungersnot, führte er auch seine Brüder in einen Versöhnungsprozess. Josef wusste um Gottes Absichten und um das sündhafte Verhalten seiner Brüder. Deshalb sagte er:

JOSEF WURDE TROTZ ALLER UNGERECHTIGKEIT UND OHNMACHT ÜBER SEIN EIGENES LEBEN NICHT BITTER.

> Fürchtet euch nicht! Stehe ich denn an Gottes statt? Ihr gedachtet es böse mit mir zu machen, aber Gott gedachte es gut zu machen, um zu tun, was jetzt am Tage ist, nämlich am Leben zu erhalten ein großes Volk. So fürchtet euch nun nicht; ich will euch und eure Kinder versorgen.
> *1. Mose 50,19-21; LUT*

Alle Israeliten siedelten sich während dieser Hungersnot in Ägypten an. Josef wusste am Anfang, als er die ersten Träume hatte, nicht, was Gott genau mit ihm vorhatte. Er hatte einen langen und sehr schmerzhaften Weg vor sich – auch das konnte er nicht vorausahnen. Aber nach den durchlittenen Schmerzen erkannte er die Gründe Gottes und er erlebte, dass Gott verlässlich ist und für ihn sorgt. Gott gebrauchte Josef so, um zwei Nationen zu retten: die Ägypter und die Hebräer – seine eigene Familie.

David, ein Mann nach dem Herzen Gottes – Hingefallen, aufgestanden und Krone gerichtet

Wie bereitete Gott David als zukünftigen König vor und welche Hürden musste er nehmen, bevor er ein Mann nach dem Herzen Gottes wurde?

David wurde schon als Junge, zuerst komplett übersehen von seinem Vater, von Samuel zum König gesalbt (1. Samuel 16,1-13). Es brauchte aber Jahre der Vorbereitung und des Ausharrens, des Kampfes und der Flucht, bis David den Thron besteigen konnte. Auf dem Weg gab es viele Stolperfallen, die David erhebliche Schmerzen verursachten. Schmerzen, die er ohne seine Berufung zur Leiterschaft vermutlich nicht gehabt hätte. Dieses Durchhalten in allen Widrigkeiten zeichnete ihn von Kindheit an aus. Sein Glaube an Gott war unerschütterlich und sein festes Fundament, von dem aus er Leitungsverantwortung übernahm. Wie entstand es?

Als Schafhirte hat David zunächst erfolgreich mit Löwen und Bären gekämpft und sie getötet. Unerschrocken tötete er später den Riesen Goliat mit einer Steinschleuder. Danach wurde König Saul, der das Amt noch innehatte, auf ihn aufmerksam. Er sah in David schnell einen Konkurrenten und versuchte, ihn auf verschiedene Weisen zu töten. In dieser Zeit lebte David als Verfolgter auf der Flucht in Deckung. Später dann, im Amt, wurde David endlose Male als Mensch und König herausgefordert. Über allem aber zeigte sich sein großer Glaube an einen großen Gott. Die Psalmen geben uns darüber wertvolle Auskunft. Selbst als David sich von Gott alleingelassen fühlte, rühmte er die Liebe Gottes.

Trotz seiner Hingabe an Gott und die unzähligen Beweise Gottes ihm gegenüber kannte David den Schmerz, den eigene Schuld verursacht: Er beging Ehebruch und sorgte dafür, dass der Ehemann seiner Geliebten im Krieg getötet wurde. Gott beauftragte daraufhin einen Propheten, der David seine Sünden vor Augen führte. Hier, an einem persönlichen Tiefpunkt des Scheiterns, zeigt sich eine entscheidende Führungsqualität dieses Mannes nach Gottes Herzen: David versuchte nicht wie König Saul damals seine Sünden zu verharmlosen. Er bestritt sein Versagen nicht, sondern bat Gott innigst um Vergebung (vgl. den Bußpsalm 51). Gott vergab ihm, aber David musste die Konsequenzen der Sünde tragen. Batseba, mit der er den Ehebruch begangen hatte, erlebte eine Totgeburt. David durfte nicht mehr den Tempel in Jerusalem bauen und der Prophet verhieß ihm, dass das Schwert über seinem Hause nicht mehr weggenommen werden würde. Sein eigener Sohn Absalom versuchte David vom Thron zu stürzen, aber es gelang ihm nicht.

IN DAVIDS SCHEITERN ZEIGT SICH SEIN GROSSER GLAUBE AN EINEN GROSSEN GOTT.

Was zeichnet David als Leitenden und als Mensch aus? Er wandte sich nicht ab von seiner Verantwortung oder von seinem Gott. Er folgte dem, der ihn berufen hatte, und lud Gott bewusst in sein Versagen ein. Manch ein Leitender hätte sich an dieser Stelle wohl gesagt: »Ich mach nicht weiter!« Oder: »Ich bin für Gott nicht gut genug.« Und doch kann Gott sehr gut mit unserem Versagen umgehen.

David wird später der Mann nach dem Herzen Gottes genannt (Apostelgeschichte 13,22). Gnade triumphierte über das Versagen. Als Leitender beging David viele Fehler, aber er stand auch für sie ein. Denn er kannte Gottes Gnade und ließ sich ganz dort hineinfallen.

Ester – Den richtigen Moment zur Führung erkennen und ihn ausfüllen, koste es auch dein Leben

Wie kommt es, dass eine jüdische Frau durch eine Heirat mit einem heidnischen König ein ganzes Volk retten kann? Woher nahm Ester den Mut, in einer absoluten Krisenlage die Führung zu übernehmen?

Zum Kontext: Der persische König Ahasveros hatte seine Hauptfrau verstoßen. Ester, eine junge jüdische Frau und wie alle anderen Juden zu der Zeit in Gefangenschaft des Persischen Reiches, wurde aufgrund ihrer Schönheit als nächste Ehefrau ausgesucht. Sie lebte fortan in seinem Palast und war total abhängig von der Gnade des Königs. Das war keine Liebesgeschichte oder Beziehung auf Augenhöhe. Der persische König wurde gottgleich verehrt, er war die oberste Autorität. Ein Heben oder Senken seines Zepters entschied über Leben und Tod eines Bittstellers. Von Leitungsposition als Gattin des Königs kann also an dieser Stelle noch nicht die Rede sein.

Ihr älterer Cousin Mordechai erfuhr zufällig von einer Intrige, durch die die Juden ausgelöscht werden sollten. Er erkannte sofort, dass Gott seine Cousine Ester im richtigen Augenblick genau am richtigen Platz eingesetzt hatte, und agierte jetzt als Esters »Berufungsüberbringer«: Mordechai bat Ester darum, beim König vorzusprechen und ihn zu bitten, seine Entscheidung, die Juden zu töten, rückgängig zu machen. Ester kannte das Risiko genau. Ehefrau oder nicht, sie würde bei ungefragtem Erscheinen vor Ahasveros ihr Leben aufs Spiel setzen! Kein Wunder, dass sie zunächst zögerte. Sollte sie heraustreten, die Zügel in die Hand nehmen, für ihr Volk in die Bresche springen, obwohl es sie alles kosten könnte? Mordechai ließ nicht ab, sie um Hilfe anzuflehen:

> Denke nicht, dass du dein Leben errettest, weil du im Palast des Königs bist, du allein von allen Juden. Denn wenn du zu dieser Zeit schweigen wirst, wird eine Hilfe und Errettung von einem anderen Ort her den Juden erstehen. Du aber und deines Vaters Haus, ihr werdet umkommen. Und wer weiß, ob du nicht gerade um dieser Zeit willen zur königlichen Würde gekommen bist?
> *Ester 4,13-14; LUT*

Der Druck steigt. Ester reagiert auf diese innere Zerrissenheit mit dem geistlichen Weg – und das ist auch der Moment, in dem sie ihre Führungsposition mit einem Schritt nach vorne, ins Agieren, auszufüllen beginnt: Sie verordnet Gebet und Fasten für sich und alle Juden! In dieser Zeit stärkt sie ihr Herz in Gott, um bereit zu sein, ihr Leben für eine größere Sache zu opfern. Egal, was es sie selbst kosten würde, sie war der Wahrheit, der Ehre und dem Mut verpflichtet. Gott hatte sie genau für diesen Zeitpunkt auserwählt, einen Unterschied für ein ganzes Volk zu machen.

Paulus – Ein starker Leiter transformiert durch Gottes Gnade

Wie begegnet Gott einem damals hochrangigen Geistlichen, der aus völlig falscher Frömmigkeit Gottes eigenem Volk schadet? Wie wurde aus diesem Verfolger einer der größten Leitenden und Missionare des Neuen Testaments?

Saulus hatte sich die gängige Überzeugung der religiösen Elite in Jerusalem zu eigen gemacht, dass Jesus zu Recht als Gotteslästerer gekreuzigt worden war (Apostelgeschichte 9). Er war ein wichtiger, gut ausgebildeter Gelehrter und sah die Jünger von diesem Jesus als Feinde des Judentums und damit auch des höchsten Gottes an. Er verachtete Jesus und seine Nachfolger. Mit großer Begeisterung erlebte er die Steinigung von Stephanus mit. Sein Ziel war es, die Jünger von Jesus komplett auszurotten, ähnlich wie die Juden im babylonischen Reich getötet werden sollten. Er verstand das als seine Berufung. Mit einer ungewöhnlichen Grausamkeit und einem unglaublichen Fanatismus verfolgte er sie, um sie und ihren Glauben an Jesus zu zerstören. Da er eine starke Leitungspersönlichkeit war, zog er viele Menschen auf seine Seite.

Gott kannte Saulus auch jetzt schon, und trotzdem fiel seine Wahl auf ihn: Er sollte später als unerschrockener Heidenmissionar die Geschichte der Gemeinde entscheidend in Bewegung bringen. Eines Tages, auf dem Weg nach Damaskus, begegnete der auferstandene Jesus Saulus. Das war die Transformation. Nach dieser ganz persönlichen Jesus-Begegnung erblindete er zeitweilig und wurde zu einem Mann namens Ananias in die Stadt Damaskus geführt. Der fürchtete sich sehr vor Saulus. Gott aber sprach zu ihm: »Geh und tu, was ich sage. Saulus ist mein auserwähltes Werkzeug. Er soll meine Botschaft den Völkern und Königen bringen und auch dem Volk Israel« (Apostelgeschichte 9,15-16).

Nach diesem lebensverändernden Ereignis verbreitete Saulus, der ab sofort Paulus genannt wurde,[15] mit großer Leidenschaft die Gute Nachricht von Jesus. Er reiste von Stadt zu Stadt, um das Evangelium zu predigen. Er hatte die verändernde Gnade Gottes erlebt und konnte nicht anders, als sie jetzt radikal mit den Menschen zu teilen. Auch hier kam seine Leitungspersönlichkeit zum Tragen und er gewann Kollegen und neue Nachfolger dazu. Als sein Empfehlungsschreiben von den Korinthern angezweifelt wurde, erinnerte er sie daran, dass seine Autorität in Gottes Beauftragung lag und an seiner Bereitschaft, für diese Berufung zu leiden. Wie Paulus gelitten hat, zählt er auf in 2. Korinther 11,23-

NACH EINER GANZ PERSÖNLICHEN JESUS-BEGEGNUNG ERLEBTE SAULUS EINE RADIKALE TRANSFORMATION.

28: Er erlitt Schiffbruch, wurde ausgepeitscht, litt unter Schlaflosigkeit und so weiter. Im gleichen Brief erzählt er aber auch von einer anderen Art von Schmerz, dem »Dorn im Fleisch«. Gott hat zugelassen, dass dieser Dorn sich fest in seinem Leben verankerte, auch wenn wir nicht wissen, was genau er bedeutet. In diesem Zusammenhang sprach Gott ihm zu, dass seine Gnade ihm genügen solle. Daraufhin schrieb Paulus:

> Und er hat zu mir gesagt: Lass dir an meiner Gnade genügen; denn meine Kraft vollendet sich in der Schwachheit. Darum will ich mich am allerliebsten rühmen meiner Schwachheit, auf dass die Kraft Christi bei mir wohne. Darum bin ich guten Mutes in Schwachheit, in Misshandlungen, in Nöten, in Verfolgungen und Ängsten um Christi willen; denn wenn ich schwach bin, so bin ich stark.
> *2. Korinther 12,9-10; LUT*

Paulus als einer der prominentesten geistlichen Leitenden in der Bibel war sich darüber im Klaren, dass Gott Schmerzen benutzen würde, um den Charakter eines Menschen zu formen, und dass eine Plattform für den geistlichen Dienst entstehen konnte. Paulus erlebte das am eigenen Leib.

Was haben diese Frauen und Männer Gottes gemeinsam?

Wir bekommen ein Bild davon, wie Gott die Menschen aus dem Reich der Dunkelheit in das Reich des Lichts bringt. Sie begegnen Gott, der sie grundlegend verändert. Dazu gehört auch, dass sie mit den Tiefen ihrer Seele konfrontiert werden.

Gott liebt, beruft und befähigt. Gerade da, wo die Frauen und Männer schwach waren, begegnete ihnen Gott. Nicht einen Moment ließ er sie allein. Sein Anliegen war es, in dem Leben der Leitenden die Nummer eins zu sein und nicht nur eine Nebenrolle zu spielen.

In den Krisen, die diese Leitenden erlebten, fanden sie heraus, wie sie wirklich tickten und was und wer ihr Fundament war. Wenn jemand seiner eigenen Persönlichkeit immer mehr auf die Spur kommt und sich der persönliche Glaube neu aufbaut, wird das heute oft als »Dekonstruktion des Glaubens« bezeichnet. Die Dekonstruktion kann für Leitende sehr schmerzhaft sein, denn zuerst einmal steht alles infrage. Nicht nur der Glauben an sich, sondern auch, wer wir als Person oder als Gemeinschaft sind, also unsere Identität, unsere Werte und unsere Bestimmung.

Wie können wir überleben, wenn wir nichts haben, was uns leitet? Auf der Suche nach Authentizität und dem Bekenntnis zur Wahrheit müssen wir ein Stück weit solch eine Dekonstruktion erleben, um dann unseren Glauben von Gott neu aufbauen zu lassen. Wie Pastor Billy Kennedy, Leiter von *Pioneers UK*, schreibt, ist »dies ein Bestandteil unserer Reise. Wenn wir das Gefühl haben, uns alle alten Kleider vom Leib zu reißen und alte Zöpfe abzuschneiden, dann kann das sehr schmerzen. Wir müssen durch solche Phasen hindurchgehen und merken, wo das Fundament des Glaubens uns trägt und wo nicht.«[16]

Durch solche Dekonstruktionen sind auch die Leitenden, die in der Bibel beschrieben werden, gegangen. Ihre Beziehung zu Gott hat durch Schmerzen und Krisen eine neue und tiefere Dimension erhalten. Hier sind einige Gemeinsamkeiten, die ich zusammenfassend erkennen kann:

1. **Die Leitenden haben bis zu ihrem Lebensende eine persönliche und lebendige Beziehung zu Gott.** Von einigen biblischen Personen wissen wir das wörtlich, weil die Bibel es benennt: Mose, Josef und Paulus gehören dazu, aber

auch Menschen wie Daniel und Josua erhielten bis zu ihrem Lebensende eine Beziehung zu Gott aufrecht, um nur einige wenige herauszugreifen. Selbst in schwierigen Situationen wie bei Mose, der das verheißene Land nur sehen konnte und nicht selbst hineingehen durfte, oder wie bei Daniel, der mit seinen Freunden in der Löwengrube landete, verließen sie sich auf Gott und sein Wort.

2. **Die Leitenden behalten eine lernende Haltung.** Leitende bilden sich ein Leben lang fort im Wort Gottes und durch andere geistliche Literatur, Predigten und so weiter. Daniel ist hier ein klassisches Beispiel aus dem Alten Testament, der sein Leben lang das Wort Gottes studierte. Auch Paulus und Petrus im Neuen Testament hatten eine lernende Haltung. Paulus bat um seine Bücher, als er im Gefängnis saß (2. Timotheus 4,13). Beim Scheitern zeigen sie sich einsichtig und tun Buße vor Gott. Was er von ihnen hält, ist ihnen nicht egal. Im Philipperbrief setzt Paulus den Weg Christi als Maßstab für das Leben der Christen (Philipper 2).
3. **Die Leitenden offenbaren eine Christusähnlichkeit in ihrem Charakter.** Sie bewahrheitete sich in der Frucht des Geistes in ihrem Leben. Nach Galater 5,22-23 zeigt sie sich in Form von Liebe, Freude, Frieden, Geduld, Freundlichkeit, Güte, Treue, Sanftmut und Selbstbeherrschung. Den alttestamentlichen Leitenden war Jesus als Mensch zwar noch nicht begegnet, aber ihre Gottesbeziehung und ihr Charakter wiesen diese nachhaltige, für die Ewigkeit bestimmte Frucht auf. Ich denke hier zum Beispiel an Josef, der seinen Brüdern vergeben konnte, trotz allem, was sie ihm an Leid zugefügt hatten.
4. **Die Leitenden hinterlassen ein Erbe.** Mose war bereit, das Volk bis zum verheißenen Land zu führen, und sein Nachfol-

ger Josua konnte dann übernehmen. Josef konnte in seiner Demut seine Familie und das ganze Land vor der Hungersnot retten. Mit »Erbe« ist also nicht nur ein finanzielles Erbe gemeint, sondern auch ein geistlicher Nachlass, eine solide Arbeit, eine Familie, die Gott liebt.

Was bedeutet also eine gute Leitung »nach dem Herzen Gottes«? Es bedeutet *nicht*, fehlerlos zu sein oder fehlerlos zu leiten. Sondern in aller Fehlbarkeit und Schwachheit mit Gott unterwegs zu sein, ihn immer wieder an die erste Stelle in unserem Leben zu setzen und aus seiner Kraft heraus ihn zu lieben und ihm nachzufolgen.

Wir können dieses Kapitel nicht abschließen, ohne auf Jesus Christus einzugehen, die zentralste und wichtigste Person unseres Glaubens. Er ist nicht »nur« unser Erlöser, sondern er hat uns in seiner Menschwerdung gezeigt, was es heißt, ein guter und dienender Leitender zu sein und auf der Seite der Diskriminierten zu stehen. Durch alle Hindernisse hindurch blieb er treu bis zum Tod und bezwang ihn damit. An seinem Beispiel sehen wir: Was auch immer – wirklich egal, was – uns auf unserem Weg als Leitende runterzuziehen, zu verwunden, aus der Bahn zu werfen droht, wir können aus allem siegreich hervorgehen. Denn seit Jesus ist alles anders. Er hat uns eine Schneise geschlagen, in der wir nachfolgen können. Einen Weg, um mitten in Unsicherheit, Schmerz, innerer und äußerer Not in völligem Frieden zu bleiben. »Bleibt in mir«, fordert er uns, seine Nachfolger und Nachfolgerinnen, auf. Tun wir das, dann werden wir bei den Schmerzen, die wir als Leitende erleben, immer einen sicheren Ort haben.

WAS BEDEUTET EINE GUTE LEITUNG »NACH DEM HERZEN GOTTES«?

Also, holen wir uns Inspiration ab!

Jesus – der größte dienende Leiter

Alles rund um Jesus war von Anbeginn fragwürdig – auf Schmerzen angelegt, könnte man fast sagen. Schon sein Stammbaum enthält Menschen zweifelhafter Herkunft mit einer gebrochenen Biografie.[17] Seine Mutter Maria wurde vorehelich und als Jungfrau mit ihm schwanger. Zum Glück erklärte ihr ein Engel diese Situation. Josef wollte sie daraufhin heimlich verlassen, doch auch ihm erschien ein Engel und klärte ihn auf. Gesellschaftlich stand das Paar in großer Erklärungsnot.

Zur gleichen Zeit mussten aufgrund von einer vom Kaiser angeordneten Volkszählung alle Menschen an ihre Geburtsorte zurückkehren. Damit wurden Josef und Maria obdachlos. Jesus wurde in einem Stall geboren, weil es nirgendwo eine freie Unterkunft in Bethlehem gab. Und später wollte der König Herodes ihn umbringen lassen, weil er sich in seiner Macht bedroht sah. Da flüchtete die junge Familie nach Ägypten. Ein obdachloser Flüchtling, jenseits aller gesellschaftlichen Normen – so hatten die Juden sich das nicht vorgestellt, den Retter der Welt willkommen zu heißen (Lukas 2).

Schon sehr schnell wurde klar, dass Jesus eine Mission hatte, die weder seine Eltern noch Freunde verstanden. Nachdem er seinen Dienst als 30-Jähriger begann, muss seine Familie gedacht haben, er sei verrückt geworden. Er tat mit einem Mal Dinge, die normale Menschen nicht taten. Jesus hatte eine Vollmacht, die die Menschen magisch anzog und die er durch Wunder und Taten demonstrierte. Im Laufe seines dreijährigen Wanderlebens wurde er von den Ausgestoßenen geliebt, aber kritisiert und verdammt von denen, die von sich behaupteten, Gott selbst zu repräsentieren. Die kirchliche Obrigkeit sah in Jesus einen Vielfraß und Säufer, der ein Kumpan von Zolleinnehmern und Sündern war. Sie unterstellten ihm, dass er die bösen Geister nur austreiben könne, weil der oberste aller bösen Geister ihm die Macht dazu gegeben habe (Markus 3,22). Konstant stellten sie ihm Fallen, um Anklagegründe gegen ihn erheben zu können.

Öffentliche Anklage war für Jesus ein Dauerzustand. Stellte er sich oder seine Berufung infrage? Nein, Jesus wusste, wer er war und was sein Auftrag war. Er stand sicher. Und er kannte sehr genau die Gesetze und Gebote, aber er legte sie anders aus als die kirchlichen Leitenden. Er kritisierte die, die mit ihrem Gesetzesverständnis die Menschen drangsalierten. Vor Gegenwind hatte er keine Angst – ich würde so weit gehen, zu behaupten: Gegenwind löste bei Jesus nicht einmal Schmerzen aus. Er stand auf der Seite aller Unterdrückten, ob nun Kinder, Frauen oder Männer.

ÖFFENTLICHE ANKLAGE WAR FÜR JESUS EIN DAUERZUSTAND. DAS STELLTE SEINE BERUFUNG NICHT INFRAGE.

Selbst seine engsten Freunde verstanden nicht wirklich, warum Jesus in diese Welt gekommen war. Auch solches permanente Unverständnis könnte jemanden in Leitungsposition in Selbstzweifel ziehen, sogar in innere Not, Unterstützer und Freunde zu verlieren. Aber Jesus gab dieser Angst keinen Raum, er sprach sie klar an (zum Beispiel in Matthäus 16,13-19).

Während Jesus im Garten Gethsemane wusste, dass seine letzte Stunde geschlagen hatte, bat er seine Freunde, mit ihm zu beten. Er selbst ging mit seinem Schmerz und inneren Druck in das intensive Gespräch mit seinem Vater. Allein hätte er den Schmerz nicht aushalten können. Doch statt mit ihm zu beten, schliefen seine Freunde ein. Jesus benannte direkt seine Enttäuschung, denn dass sie nicht mit ihm wachen konnten, ließ ihn nicht kalt (Matthäus 26,36-36). Er musste sich aber nicht nur ihrem körperlichen Einknicken stellen, sondern auch Intrigen, Verleugnen und Verrat. Er wurde sogar verkauft, von einem engen Vertrauten, wie es Prophezeiungen vorausgesagt hatten.

Wir alle kennen die Geschichte von Judas, der gegen 30 Silberlinge den Römern zeigte, wen sie festnehmen mussten. Und von Petrus, der in der Nacht der Gefangennahme aus Angst, selbst verhaftet zu werden, verleugnete, Jesus zu kennen. Schmerzte Jesus dieser Verrat? Ja, ich denke schon. Genau wie bei allen anderen Jüngern hatte er an das Veränderungspotenzial in Judas geglaubt. Obwohl er wusste, dass Judas ein Dieb war (Johannes 12,6), vertraute er ihm zum Beispiel die Kasse an. Er reagierte aber weder im Zorn noch in Verbitterung auf den Kuss, mit dem Judas ihn verriet, oder darauf, dass Petrus sich nicht zu ihm stellte. Er hatte Wahrheit und echtes Mitgefühl für sie. Anstatt sich verletzt gegen seine Freunde und Jünger zu stellen, sie als Versager abzustempeln, reagiert er auf diesen Schmerz mit bedingungsloser Liebe.

Jesus war keine Marionette Gottes. Es war seine eigene Entscheidung, im Gehorsam Gott gegenüber die schlimmste Folter zu ertragen. Was für eine Not muss das gewesen sein, die Jesus hier ausgehalten hat? Eine wunderschöne Prophezeiung über den Messias vom Propheten Jesaja nennt ihn den »Mann der Schmerzen«. Hier steht:

> Er wuchs vor ihm auf wie ein Spross; er entsprang wie eine Wurzel aus trockenem, unfruchtbarem Land. Sein Äußeres war weder schön noch majestätisch, er hatte nichts Gewinnendes, das uns gefallen hätte. Er wurde verachtet und von den Menschen abgelehnt – ein Mann der Schmerzen, mit Krankheit vertraut, jemand, vor dem man sein Gesicht verbirgt. Er war verachtet und bedeutete uns nichts. Dennoch: Er nahm unsere Krankheiten auf sich und trug unsere Schmerzen. Und wir dachten, er wäre von Gott geächtet, geschlagen und erniedrigt! Doch wegen unserer Vergehen wurde er durchbohrt, wegen unserer Übertretungen zerschlagen. Er wurde gestraft, damit wir Frieden haben. Durch seine Wun-

den wurden wir geheilt! Wir alle gingen in die Irre wie Schafe. Jeder ging seinen eigenen Weg. Doch ihn ließ der Herr die Schuld von uns allen treffen.
Er wurde misshandelt und niedergedrückt und gab keinen Laut von sich. Wie ein Lamm, das zum Schlachten geführt wird, und wie ein Schaf vor seinem Scherer verstummt, so machte auch er den Mund nicht auf. Er wurde aus der Haft und dem Gericht genommen ... Zwar wies man ihm ein Grab unter Sündern zu, doch wurde er in das Grab eines reichen Mannes gelegt, weil er kein Unrecht getan hatte und kein Betrüger war. Doch es war der Wille des Herrn, ihn leiden zu lassen und zu vernichten. Wenn sein Leben jedoch als Opfer für die Sünde dargebracht wird, wird er viele Nachfolger haben. Er wird lange leben und die Absichten des Herrn werden durch seine Hand gedeihen.
Jesaja 53,2-10

Die Sünden der Welt trennten ihn von seinem Vater. Es war seine Aufgabe, uns allen, die wir als Leitende seinem Führungsstil folgen, darin voranzugehen, was es heißt, das eigene Leben aus Liebe hinzugeben. Für die, die wir leiten. In dem Moment, als dieser »Mann der Schmerzen« starb, verdunkelte sich die Welt, und der Vorhang im Tempel zwischen dem Allerheiligsten und dem Rest des Tempels zerriss. Und Gott, der Vater, hielt Wort: Drei Tage später weckte er Jesus von den Toten auf. Dadurch schenkte er uns die Möglichkeit, mit und durch Jesus ewiges Leben zu empfangen und Gott mit unserem Leben und in der Art, wie wir leiten, anzubeten. Das ist die Grundlage, die in Jesus gesetzt ist, die auch für unsere Leiterschaft steht.

Dienende Leiterschaft in dem Maßstab, den Jesus uns gegeben hat, heißt, bereit zu sein, unser Leben für die hinzugeben, die wir leiten (Johannes 15,13). Es heißt, die Schmerzen, die mit unserer hohen Berufung zusammenhängen, ausdauernd liebend auszugleichen, geduldig auszuhalten und nachhaltig klar zu konfrontieren, wo Sünde die Ursache ist.

Leiten nach dem Vorbild Jesu

Es wird offensichtlich, dass wir diesem Maßstab von Leiterschaft aus uns heraus nie gerecht werden können. Deswegen ist es so entscheidend, dass wir »in ihm« bleiben – wie Jesus es seinen Jüngern und uns immer wieder einschärft. Sonst reagieren wir eben »aus uns« auf Hindernisse, Nöte, Ungerechtigkeiten und Schmerzen. Zum Beispiel so: Während ich mich mit etlichen Leitenden aus der Bibel beschäftige, allen voran Jesus, juckt es mich in den Fingern, diese Menschen aus ihrer Not zu befreien. Schon früher einzugreifen, um Leid zu beenden und sie zu »beschützen« – vor sich selbst und vor anderen. In diesem Zusammenhang schreibt die amerikanische Bloggerin Kimberly Henderson so treffend:

> Ich hätte Josef herausgeholt. Aus dieser Höhle. Aus dem Gefängnis. Aus seinem Schmerz. Ich wäre Gott damit in die Quere gekommen, der das Volk vor der Hungersnot retten würde.
> Ich hätte David herausgeholt. Aus der Gegenwart des speerwerfenden Sauls. Aus den Höhlen, wo er sich verstecken musste. Aus dem Schmerz der Zurückweisung. Aber ich wäre Gott in die Quere gekommen, hier einen König nach dem Herzen Gottes zu formen.
> Ich hätte Ester herausgeholt. Aus dem Umstand, dass sie nicht als Einzige von ihrer Familie getrennt worden wäre. Aus ihrer Position, die sie sich nicht selbst ausgesucht hatte. Aus dem Weg des bösen Feindes. Aber ich hätte damit Gott die Möglichkeit genommen, durch eine Frau viele Leben zu retten.
> Ich hätte Jesus befreit. Vom Kreuz. Vom Weg, der zum Leiden und Schmerz führte. Vom Weg, der Schläge, Nägel und Dornen bedeutete. Aber ich hätte damit der Welt ihren Retter genommen. Die Erlösung. Eine Ewigkeit ohne Leiden und Schmerzen.
> Und ich würde dich, Freund und Freundin, am liebsten aus allem Schweren herausholen, das du gerade erlebst. Ich möchte deinen Weg ändern. Ich möchte

deinen Schmerz beenden. Aber genau jetzt wäre es genau das Falsche, das ich machen könnte. Es ist nicht meine Aufgabe. Ich würde dir damit eine gute Erfahrung nehmen. Gott weiß, was Gutes durch deinen Schmerz produziert wird. Er kennt das Gute, das aus der Herausforderung erwachsen wird. Er wacht über dich und hält dich selbst in allen Herausforderungen fest. Er versichert dir, dass du ihm vertrauen kannst. Selbst wenn es sich anfühlt, dass es mehr ist, als du zu tragen vermagst.

Anstatt dich aus deiner schwierigen Situation herauszuholen, möchte ich dir Mut machen. Ich knie vor dem Vater und bitte ihn, dir Kraft zu geben. Dir Hoffnung zu geben. Ich bitte ihn, dich zu beschützen und dich in Bewegung zu setzen, wenn die Zeit gekommen ist. Ich bitte ihn, dass du beten und unterscheiden kannst. Ich glaube, dass er dein Leben umfangreich und vielfältig gebrauchen wird. Er wird dir Wege zeigen, die dein Herz demütig und dankbar machen werden für die Reise, die du bisher gegangen bist.[18]

Die Leitenden im Alten und Neuen Testament waren nicht mehr berufen als wir Leitenden heute. Jeder von ihnen war in seinem Leben und Dienst auf unterschiedlichste Weise herausgefordert, angefochten und erlitt Schmerzen. Im Leben sowie auch in ihrer Leitungstätigkeit. Jeder von ihnen hatte die Wahl, mit Gott oder ohne ihn durch diese Krisen zu gehen. Eine Frau oder Mann nach dem Herzen Gottes zu sein, hieß und heißt nicht, fehlerlos zu sein, sondern Gott bedingungslos und in allem zu vertrauen.

Es geht um die Substanz der Aufgabe – Sabine Fürbringer über Leiterschaft als dynamischen Prozess

Sabine Fürbringer bringt mehr als vierzig Jahre Leitungserfahrung mit. Bei einer lokalen Jungschargruppe und Ehrenämtern angefangen über Projekt- und

Bereichsleitungen innerhalb eines christlichen Werkes bis zur Vorstandsarbeit und der Arbeit als Speakerin und Psychologin.

Sabine, was hat dein Leitungsverständnis geprägt?

Früh auf meinem Weg als Leiterin bin ich der Definition von Leiterschaft von J. Robert Clinton begegnet. Fortan war das der Maßstab, an dem ich mein Tun reflektierte: »Leiterschaft ist ein dynamischer Prozess, in dem ein Mann oder eine Frau mit den von Gott gegebenen Fähigkeiten eine bestimmte Gruppe von Menschen in Bezug auf Gottes Absichten mit dieser Gruppe beeinflusst.«[19]

Die Frage, ob ich überhaupt ein Mandat habe, ist etwas, was ich jeweils vor Gott bewege. Dabei geht es nicht nur um das Abwägen, ob die geforderten Fähigkeiten zu meinem Gabenprofil passen, sondern auch, ob da so etwas wie ein Auftrag Gottes mitschwingt. Bis heute ist es so, dass ich manchmal Gottes aufmunterndes »Ich freue mich, wenn du das wagst« zu vernehmen glaube, auch wenn es bedeutet, dass ich mich auf neue Gebiete einlasse und mir dazu neue Fähigkeiten aneignen muss. Das alles passiert in dem Rahmen, was eben zu mir passt. Umgekehrt habe ich auch gelernt, eine Aufgabe nicht anzunehmen, wenn diese innere Überzeugung fehlt, auch wenn ich alles im Köcher hätte, was es dafür braucht.

Wie ist dir Gott in alldem begegnet und wie nimmst du deine Aufgaben wahr?

Die Tatsache, dass ich die Menschen, die ich leite, berate oder lehre, als von Gott zugewiesen betrachte, hat eine doppelte Auswirkung. Einerseits hält es mich demütig; ich weiß, dass ich zum Dienen gesetzt bin – das sind Menschen, die Gott am Herzen liegen, und ich soll sie mit seinen Augen sehen. Andererseits hilft es mir auch, meine Grenzen anzuerkennen und mich nicht zu überschätzen. Ich brauche nicht mehr zu tun, als in Treue meinen Beitrag zu leisten.

Es ist nicht so, dass ich als Leiterin quasi die Stimme vom Himmel höre oder die Schrift an der Wand sehe – obwohl, in Ausnahmefällen habe ich das tatsächlich ähnlich erlebt. Im Normalfall ist das Ganze ein dynamischer Prozess, das heißt, dass mein natürliches Denken, Können, Diskutieren, Mich-Informieren oder Wahrnehmen einhergehen mit dem sensiblen Hören auf die Stimme des Heiligen Geistes. Der wohnt ja in mir und hat über die Jahre mein inneres Sensorium geschärft. Dabei ist für mich die Unterscheidung zwischen »natürlich« und »übernatürlich« immer nebensächlicher geworden. Gott manifestiert sich im Geschöpflichen genauso wie in den als explizit geistlich erlebten Erfahrungen.

Wie konntest du dein Muttersein und Leiterin-Sein miteinander verbinden?

Die Definition von Leiterschaft konzentriert sich auf die Substanz der Aufgabe einer Leiterin, ohne dass an Rollen oder Positionen festzumachen. Gerade in der Mutterphase war das für mich sehr entscheidend. Diese Zeit war für mich eine der schwierigeren, obwohl mein Mann und ich von Anfang an Jobsharing gelebt haben.

Als Kleinkindmutter fühlte ich mich auf dem Abstellgleis, irgendwo in den Windelkosmos katapultiert, isoliert und ohne Perspektive. Dieser Zustand hat auf meine Seele gedrückt und ich hatte den Eindruck, an den Umständen nichts verändern zu können. Falls ich nicht vollends unglücklich werden wollte, musste ich also verändern, was ich verändern konnte, nämlich mich selbst, meine Einstellung, meinen Blick. Ich lernte in dieser Zeit, mich an Gott zu freuen, aus der innigen Gemeinschaft mit ihm zu leben, ihn allein genügen zu lassen, ihn zu suchen. Gott kann auf meine Leistung draußen verzichten, er kann sich das leisten – und ich genüge ihm so, wie ich bin. Natürlich war ich als Mutter gefordert, aber weil andere wesentliche Persönlichkeitsanteile und Ressourcen brachlagen, fühlte sich der Alltag nicht nur erfüllend an. In diese Leere und Sehnsucht hinein ist Gott eingezogen. Es war ein Ringen darum, aber es hat meine Beziehung zu ihm nachhaltig verändert. In dieser Zeit war der biblische Josef, der trotz brillanter prophetischer Erwartung für sein Leben in die Sklaverei verkauft wurde, für mich ein Leitstern. In den Jahren im Gefängnis muss er mit Gott gerungen haben. Das Resultat war, dass er als versöhnter, in seinem

»GOTT KANN AUF MEINE LEISTUNG VERZICHTEN, ER KANN SICH DAS LEISTEN. ICH GENÜGE IHM SO, WIE ICH BIN.«
– SABINE FÜRBRINGER

Stolz geläuterter Mensch den künftigen Aufgaben gewachsen war. Als Mutter eignet man sich übrigens etliche Leiterschaftsqualitäten an, vom Management über Konflikt- und Notfallszenarien bis zur Sozialkompetenz. Diese Lektionen verankern sich tief und echt im Wesen.

Was tust du, wenn Kritik kommt oder du in deiner Leiterschaft scheiterst?
Natürlich hat es in meinen Leitungsaufgaben auch Rückschläge gegeben – ich habe erlebt, wie Menschen mich enttäuscht haben. Das gehört einfach dazu. In solchen Momenten bewährt es sich, die Aufgaben in der Abhängigkeit und im Auftrag von Gott wahrgenommen zu haben. Wenn er mit mir zufrieden ist, schmerzt es zwar, wenn Menschen mich fallen lassen. Aber ich falle nicht ins Bodenlose, sondern in Gottes Fürsorge. Bei Kritik ist es mir wichtig, die Quelle zu gewichten. Dabei hilft mir mein freundschaftliches Umfeld, zuallererst mein Ehemann, aber auch meine Kolleginnen und Kollegen, mit denen ich eng zusammenarbeite. Ihre Stimme ist für mich maßgebend – und wenn da Kritik oder Angriff von außen kommen, suche ich ihren Rat, ihre Einschätzung und manchmal auch ihren aufmunternden Beistand oder ihr tröstend-heilsames Gebet. In ein Netzwerk gewoben zu sein, in dem Geben und Nehmen fließen und das liebevoll und freundschaftlich operiert, ist ein riesiges Geschenk. Eine besondere Freude ist, dass meine mittlerweile erwachsenen Kinder ebenfalls zu diesen Menschen gehören. Losgelöst von dieser Einbettung könnte ich mir Leiterschaft nicht vorstellen.

Sabine Fürbringer, Jahrgang 1966, arbeitet seit 27 Jahren in unterschiedlichen Funktionen bei Campus für Christus. Zurzeit leitet sie den Bereich Campus WE, ein Netzwerk, das Angebote für Frauen in Leiterschaft macht. Die gelingende Zusammenarbeit von Männern und Frauen auf Leitungsebene ist dabei ihr Anliegen. Als ausgebildete Psychologin lic. phil. ist sie zudem in Beratung und Coaching von Einzelpersonen und der Paartherapie tätig. Sabine ist Mutter von zwei erwachsenen Kindern und lebt mit ihrem Mann in Winterthur, Schweiz.[20]

Fragen zur Reflexion

- Mit welchen Personen aus der Bibel identifizierst du dich?
- Wer ist dir ein biblisches Vorbild in Leitung und warum?
- Welche Gemeinsamkeiten entdeckst du?
- Wenn du Jesus in einem Wort beschreiben müsstest, welches würdest du benutzen?

Werde aktiv!

- Schreibe deinen eigenen Psalm. Was möchtest du Gott gegenüber ausdrücken? Wie sieht dein Lob- oder Klagelied aus?
- Suche dir eine Leitungsperson aus der Bibel und beleuchte sie von allen Seiten. Was kannst du von ihr lernen? Was möchte Gott dir dadurch zeigen?
- Nimm dir eine Stunde Zeit und studiere den Leitungsstil Jesu. Vielleicht hast du die Möglichkeit, dich mit anderen darüber auszutauschen und mit dem eigenen Istzustand abzugleichen. An welchem Punkt möchtest du besonders arbeiten?

STOLPERFALLEN UND HÜRDEN IM LEBEN VON LEITENDEN BEDEUTEN NICHT, DASS SIE IN IHRER POSITION NICHT GUT SIND. DIE FRAGE IST NUR, WIE WIR MIT IHNEN UMGEHEN.

Kapitel 4

Achtung, Vorsicht! – Stolperfallen für Leitende

»Willst du den Charakter eines Menschen erkennen, so gib ihm Macht.«
Abraham Lincoln

»Du hast deine Heimat verloren!«, sagte die Nonne Daniela Mailänder auf den Kopf zu.[21] Sie hatte eigentlich Trost und Bestätigung bei ihrem Gespräch mit der Nonne erwartet. Immerhin arbeitete sie neben ihrem Muttersein als Speakerin, Autorin, Gemeindegründerin und Projektleiterin. Sie hatte Vollgas gegeben und war vom Leben für Gott nun müde geworden. Doch mit solch einer Antwort hatte Daniela nicht gerechnet. So etwas wollte sie nicht hören. Sie realisierte, dass sie mehr *für* Gott arbeitete als *mit* ihm gemeinsam. Daniela hatte tatsächlich ihre Heimat in Gott verloren.

Wie oft passiert es uns als Leitenden, dass wir in die Gefahr kommen, doch ein wenig mit Hand anzulegen und die Welt ein Stückchen selbst zu retten? Wir vertrauen zwar Gott, dass er das sehr gut allein kann, aber empfinden doch unbewusst, dass er unsere Hilfe dringend nötig hat und dass er vielleicht manchmal auch etwas zu langsam ist. Wir greifen ihm ein wenig unter die Arme.

Irgendwann sind wir in diesem Hamsterrad der Positionen und Titel gefangen und brauchen Personen, die uns symbolisch gegen das Schienbein treten und uns sagen: »Du hast deine Heimat verloren. Du machst alles aus deiner eigenen Kraft heraus und Gott darf dir dabei nur noch gnädig applaudieren.«

Welchen Stolperfallen begegnen wir in Leitung?

Wenn ich dich jetzt persönlich fragen könnte, welche Stolperfalle würdest du mir in Bezug auf deine Leitungsaufgabe nennen? In welche Stolperfalle bist du selbst schon getappt und welche hast du bei anderen Leitenden wahrgenommen? Jede leitende Person könnte sicherlich eine eigene Liste schreiben und würde manche Stolperfallen auch anders priorisieren.

Fakt ist: Stolperfallen und Hürden warten auf jeden, der Führungsverantwortung übernommen hat. Und sie sind es auch allermeistens, die dann Schmerzursachen in Bezug auf unsere Leiterschaft werden. Wenn man sich im Internet umschaut oder Bücher dazu liest, kommt man sicherlich auf mehr als zwanzig Fallen, Hürden oder Herausforderungen. Große und kleine Hürden, denen wir als Leitende begegnen und mit denen wir umzugehen lernen müssen. Ich möchte gerne nochmals sagen: Stolperfallen und Hürden im Leben von Leitenden bedeuten nicht, dass sie in ihrer Position nicht gut sind. Sie gehören dazu – die Frage ist nur, wie wir mit ihnen umgehen. Wir können straucheln, aber wir sollten niemals liegen bleiben. Vielleicht kennst du diesen Spruch: »Hinfallen, aufstehen, Krone richten, weitergehen!« Ich mag ihn, denn hinfallen kann jeder. Also: Finden wir ein Ja dazu.

Das Buch *Leading with a limp* von Dan Allender hat mich in der Bewältigung meiner Leitungskrise zum Nachdenken gebracht. In diesem Buch benennt er die sechs häufigsten Herausforderungen, die Leitende durchleben können[22]:

- Krisen
- Komplexität
- Erschöpfung
- Vertrauensbruch
- Einsamkeit
- Ruhm

Im weiteren Verlauf möchte ich diese Herausforderungen im Einzelnen aus meiner Sicht beschreiben. Vielleicht erkennst du dich ja an der ein oder anderen Stelle wieder.

Krisen

In Leitungsaufgaben begegnen wir immer wieder Krisensituationen. Es ist eine Herausforderung für Leitende, durch solche Krisen gut hindurchzukommen. Manchmal stehen wir uns selbst im Weg, manchmal sind es die anderen. Solche Krisen können von außen ausgelöst werden, wie Konflikte mit Mitarbeitenden, Vorgesetzten oder Kollegen und Kolleginnen, finanzielle Sorgen, Verlust eines wichtigen Menschen, Unzufriedenheit über die eigene Lebenssituation oder eine Kündigung. Oder sie kommen von innen, zum Beispiel als geistliche Krisen, große Fragezeichen bei theologischen Themen oder als existenzielle Ängste.

Krisen zu erleben kann Ohnmachtsgefühle auslösen, mein Fundament ins Wanken bringen oder für eine komplette Bruchlandung sorgen! Aber sie bieten auch die Option, sich neu zu orientieren. Möchte ich so weiterleben und -leiten wie bisher? Wie und woran glaube ich eigentlich? Welches Glaubensbild und Gottesbild möchte ich vorleben? Und was trägt mich in schwierigen Zeiten? Wenn wir Krisen als Chance sehen, dann geht uns nicht der Glaube flöten oder das Vertrauen in uns selbst und die, die wir leiten. Sondern dann können wir Antworten auf entscheidende Fragen finden, die wir bisher nur unzureichend für uns geklärt hatten. Dann können wir lernen, konsequent und demütig mit Schuld und Scham umzugehen. Es ist für uns Leitende deshalb so wichtig, in Krisenzeiten eine Außenperspektive zu bekommen und jemanden zu haben, der bei solchen Prozessen unterstützt, Auslöser zu benennen, Wege zurück zur Selbstsicherheit zu finden und konkrete Hilfestellungen zu geben.

Komplexität

Wir Leitende müssen mit konkurrierenden Werten, Herausforderungen und Perspektiven umgehen. Ein Problem scheint wichtiger als das andere zu sein. Wir müssen entscheiden: Was ist wichtig, was ist dringlich und was könnte vielleicht auch liegen bleiben? Die rasanten Entwicklungen in Digitalisierung, Kommunikation und der Weltgeschichte machen das Umfeld von Leitenden komplexer, und zwar auf allen Ebenen. Komplexität kann durch großartige oder auch negative Dinge hervorgerufen werden. Das gilt ebenso für den geistlichen Dienst und die Gemeindearbeit. Manche Gemeinden oder Dienste wachsen rasant und man kommt kaum hinterher, alle Menschen gut zu versorgen. Dafür brechen andere Gemeinden und Dienste ein. Vielen von uns machen die Gemeindeaustritte große Sorgen. Wo geht es hin mit der Gemeinde Jesu?

Wir müssen diese Komplexität nicht nur erfassen, sondern auch auf einfache Verhältnisse herunterbrechen. Was bedeutet diese Herausforderung für mich in der Leitung? Was sind die Knackpunkte für mich selbst und für mein Team? Es hilft wenig, an der Oberfläche zu kratzen. Wir müssen uns Zeit nehmen, mit dem Team konkret zu überlegen, welchen der vielen Nöte und Bedürfnisse man gemeinsam begegnen will und kann. Für Leitende heißt das: mutig Entscheidungen treffen. Unbequeme Entscheidungen. Entscheidungen, etwas loszulassen oder etwas nicht zu tun. Darüber hinaus gilt es, den Einzelnen nicht aus dem Blick zu verlieren – denn es ist klar, dass nicht alle Entscheidungen jedem gefallen werden.

Erschöpfung

Menschen in einer Leitungsposition haben ein schnelleres Verfallsdatum als andere. Das erkennen wir vielleicht nicht nur am schnell ergrauten Haar oder Augenringen. Sie tragen ihre große Verantwortung mit hinein in ihr Privatleben, ihren Alltag und in den Schlaf. Arbeit kann süchtig machen! Wir wollen unser Bestes für Gott geben und das kann bedeuten, dass wir zu viel aus eigener Kraft tun. Schnell schleicht sich das Gefühl ein, dass die Rettung der Welt doch auch ein wenig auf unseren Schultern liegt: ein sogenannter Messias-Komplex. Das kann zu Erschöpfung bis hin zu einem Burn-out führen – denn wir sind nicht der Messias!

> In unserer eigenen Geschäftigkeit sind wir oft so gefangen und taumeln von einer Krise in die nächste. Es scheint, als ob wir den Messias lieben, aber selbst dabei versuchen, einer zu werden.[23]
>
> *Phileena Heuertz und Darren Prince*

Wir können von so vielem erschöpft sein: von den unterschiedlichsten Verletzungen, die wir beim Leiten erleben, vom Kampf ums Überleben, davon, die Hoffnung in schierer Hoffnungslosigkeit nicht zu verlieren, vom Gefühl des Versagens und von Zweifeln. All das kann uns so sehr erschöpfen, dass wir nicht mehr fähig sind, gute Entscheidungen zu treffen. Das ist aber eine der Kernaufgaben von Leiterschaft.

Im Hamsterrad von Aufgaben – das ist eine Stolperfalle, die vermutlich jeder und jede Leitende auf die ein oder andere Art kennt. Es gibt so viele wichtige Dinge zu tun! Die amerikanische Autorin Gretchen Rubin bringt es auf den Punkt: »Nur weil wir sehr beschäftigt sind, heißt es nicht, dass wir zeitgleich auch produktiv sind. Arbeit kann eine der gefährlichsten Formen des Aufschubs sein, sich mit den wirklich wichtigen Dingen im Leben zu beschäftigen.«[24] Und uns völlig auslaugen.

Wie reagieren wir auf solche Erschöpfungsanzeichen? Zunächst einmal: innehalten! Was sind die genauen Ursachen, warum bin ich so müde? Entdecken wir einen Messias-Komplex, dann können wir vor Gott Buße tun. Es ist auch wichtig, langfristig zu denken und regelmäßig zu prüfen, wo etwas umverteilt werden kann. Wir als Leitende sind nicht zum Einzelkämpfertum berufen. Wo kann man anderen mehr und rechtzeitig Verantwortung übergeben oder die eigene Nachfolgeregelung frühzeitig einstielen? Marie Debus von *Gospeltribe* sagte dazu in einem meiner Workshops: »Wenn ich jemanden um mich habe, der zu 80 Prozent den Job machen könnte, den ich gerade mache, ist es Zeit, abzugeben und selbst etwas Neues zu machen.« Delegieren, bevor die Welt um einen zusammenbricht – das ist ein wichtiger Lernprozess für Leitende, um Erschöpfung vorzubeugen.

> WIR ALS LEITENDE SIND NICHT ZUM EINZELKÄMPFERTUM BERUFEN.

Vertrauensbruch

In unserem Umfeld befinden sich immer wieder Menschen, die eine Zeit lang ganz eng mit uns unterwegs sind und sich dann plötzlich gegen uns stellen. Vielleicht auch öffentlich. Dan Allender möchte uns Leitende sensibel dafür machen, dass wir uns immer bewusst sein sollten, auch einen Judas oder Petrus im Team zu haben.

Vertrauensbrüche können zu Selbstzweifeln und zu wachsendem Misstrauen anderen Mitarbeitenden oder Leitenden gegenüber führen. Um Macht zu gewinnen, werden Lügen verbreitet und Tatsachen verdreht. Dagegen sind wir wiederum machtlos. Lügen zu entkräften oder das Gegenteil zu beweisen, ist oft fast unmöglich und kann uns das Genick brechen. Vertrauensbruch ist einer der Hauptgründe, warum Leitende aus Ämtern aussteigen. Dieses Gefühl, niemandem mehr vertrauen zu können, kann einen komplett lähmen. Es können Wunden entstehen, die nahezu irreversibel scheinen. Wie reagiert man als Leitender in solchen Situationen?

Nehmen wir uns Jesus als Beispiel und wie er öffentlicher Verleumdung von innen (Judas und Petrus) und von außen (zum Beispiel durch die religiöse Elite) begegnet ist: Er warf ganz auf seinen Vater und zog seine Berufung und seinen Wert einzig und allein aus der Beziehung zu ihm. Es kostet viel, doch Jesus verspricht gerade uns Leitenden:

> Kommt alle her zu mir, die ihr müde seid und schwere Lasten tragt, ich will euch Ruhe schenken. Nehmt mein Joch auf euch. Ich will euch lehren, denn ich bin demütig und freundlich, und eure Seele wird bei mir zur Ruhe kommen. Denn mein Joch passt euch genau, und die Last, die ich euch auflege, ist leicht.
> *Matthäus 11,28-20*

Einsamkeit

Lebenslange Freundschaften zu haben, gelingt nur wenigen. Leiterschaft erschwert Freundschaften zusätzlich. Das unterschiedliche Machtgefälle halten nur wenige Freundschaften aus, denn Eifersucht und Neid mischen sich gern in die Freundschaft hinein.

Leiten ist Berufung und Aufgabe. Wir sind vielleicht öfter unterwegs, genießen an schönen Orten gutes Konferenz-Essen, lernen Hunderte von spannenden Menschen kennen … Aber gleichzeitig verpassen wir die Zeit mit unserer Familie und investieren zu wenig Zeit in Freundschaften. Wir werden den Erwartungen derjenigen, denen wir dienen wollen, oft nicht gerecht. Als Leitende sind wir ständig dabei, jemanden zu enttäuschen. Im Kapitel 9 werden wir noch ein Beispiel hören, wie vertrauensvolle Freundschaften mit anderen Leitenden da ein wichtiges Bindeglied sein können.

Julian Richards, Verantwortlicher der *Evangelischen Allianz* in Wales, sagte in einem Gespräch zu mir: »Jeder Leitende trägt eine Grundeinsamkeit mit sich herum. Ich gehe drei Schritte nach vorne, um den Nachfolgern die Chance zu geben, einen Schritt zu machen. Es wird immer eine gewisse Distanz geben, die ich ertragen muss.« Es ist gut, dazu ein Ja zu finden.

Christen arbeiten zudem oft mit Menschen zusammen, die von der Gesellschaft gemieden werden. Das kann auch einsam machen, denn oft verbinden Menschen ein gutes Leben mit Wohlstand. Was, wenn das durch unsere Leiterschaftsberufung aber völlig ausbleibt? Wenn unser Leben nicht die offensichtlichen »Erfolge« zeigt, die man bei uns im Westen oft erwartet, gerade auch als finanziellen Segen? In diesem Fall ist es wichtig, dass wir mutig Gott folgen und uns nicht von menschlichen Beurteilungen abhängig machen. Phasenweise Einsamkeit zu erleben auf dem Weg, Gottes Berufung zu folgen, sehen wir auch bei Menschen in der Bibel, die zur Leitung berufen waren (zum Beispiel bei Mose, Elia und natürlich auch Jesus). Darin liegt die Chance, Gott näher und besser kennenzulernen, als den, der uns immer Gemeinschaft ist.

Ruhm

Wer wird am Ende für unseren Erfolg geehrt? Oft sind Leitende in der Versuchung, sich selbst zu verherrlichen. Man denkt: »Eigentlich war ich ja schon sehr gut, bevor Gott in mein Leben kam. Alles, was ich für die Gemeinde aufgebaut habe, geht auf mich zurück. Ich bin der wahre Held oder die wahre Heldin!« Ruhm kann süchtig machen und als Leitende sind wir in der Versuchung, Dinge zu tun, von denen Menschen sagen werden: »Dieser Leitende hat ein fantastisches Erbe hinterlassen. Niemand kann in seine Fußstapfen treten.«

Pastor Tobias Teichen vom *ICF München* sagte beim Willow-Creek-Kongress 2018, dass er, bevor er auf die Bühne zum Predigen geht, zu Gott sagt: »Gott, ich habe mein Bestes in der Vorbereitung gegeben. Bitte gib du jetzt den Rest dazu, denn ich bin komplett von dir abhängig.« Wenn er von der Bühne wieder heruntergeht, spricht er zu Gott: »Gott, ich habe mein Bestes heute gegeben. Und dir genügt das. Ich übergebe dir die Predigt und was daraus folgt.« Dadurch macht es ihm nichts aus, ob anschließend Hunderte oder keiner auf seine Predigt reagiert. Es ändert nichts an seiner Identität.

Wenn Gott Menschen zu sich ruft und uns dafür gebraucht, ist das großartig, aber dafür sollten wir uns nicht rühmen. Wir können durch jeden Sturm hindurchgehen, wenn wir wissen, dass Gott uns anerkennt und er es uns spüren lässt. Die nächste Hürde lässt nicht auf sich warten, die uns in noch größere Abhängigkeit zu Gott treibt. Lasst uns diese Wahrheit inhalieren: Alles, was wir haben, ist ein Geschenk. Unverdient! Gott ist der größte und wichtigste Influencer und nur um ihn geht es.

> Weil Gott so gnädig ist, hat er euch durch den Glauben gerettet. Und das ist nicht euer eigenes Verdienst; es ist ein Geschenk Gottes. Ihr werdet also nicht aufgrund

eurer guten Taten gerettet, damit sich niemand etwas darauf einbilden kann. Denn wir sind Gottes Schöpfung. Er hat uns in Christus Jesus neu geschaffen, damit wir die guten Taten ausführen, die er für unser Leben vorbereitet hat.
Epheser 2,8-10

Unsere Einträge im Internet (soziale Medien etc.) zeugen zuweilen davon, wem wir letztlich wirklich die Ehre geben. Wenn ich dankbar bin für das, was Gott mir schenkt, dann machen viele oder auch wenige Likes keinen Unterschied. Es sollte mir immer wichtiger sein, was Gott über mich denkt, und nicht, ob andere mich »Influencer« nennen.

Eine Frage der Ehre – Bob Moffett darüber, wie wichtig es als Leitender ist, zu wissen, wem man dient

Dieser vielleicht auch schmerzhaften Frage nach der Ehre musste sich auch mein Mentor Bob Moffett stellen. Ich hatte ihn in meinem Masterstudium in England 2012 kennengelernt. Er unterrichtete »Globale Leiterschaft«. Seine Geschichten und seine unglaublich krisenerprobten Leitungserfahrungen waren so fesselnd, dass ich mich immer noch an sie erinnere.
Seit Kurzem ist Bob Rentner, und doch investiert er sich weiterhin fröhlich in Hunderte, wenn nicht Tausende von jungen Leitenden. Mir fällt bei ihm auf, dass er immer den Einzelnen sieht und nicht aufzählt, wie viele Menschen er kennt oder wie vielen er dient. Manche Reise, um in junge Leitende zu investieren, habe ich mit ihm und seiner Frau Jilly gemeinsam bestritten. Er merkt sich die Namen der Bediensteten im Hotel, übt die Namen der jungen Leitenden, die er unterrichtet, und hat immer Schokolade dabei, um Menschen ein Lächeln aufs Gesicht zu zaubern.

Als junger Mensch stand er auf vielen Bühnen und hatte hohe Leitungsfunktionen inne. Er entschied sich, das Leben auf der Bühne aufzugeben, um in junge Menschen im Mittleren Osten zu investieren, und setzt sich dabei bis heute sehr gefährlichen Situationen aus. Weil diese jungen Menschen sein Hauptanliegen sind, hat er bisher komplett auf eine Onlinepräsenz verzichtet. Wenn du im Internet über ihn recherchieren würdest, wirst du so gut wie nichts über ihn finden. Aber im Himmel werden Tausende von jungen Menschen ihm danken. Hören wir ihm zu:

Als junger Leiter folgte ich den »Superstars« der christlichen Szene. Sie wurden verehrt und bekamen einen Platz auf der Bühne. Sie waren mit Reisen, Vorträgen, Bücherschreiben verplant und jeder bat um ihre Meinung. Uns wurden diese christlichen Helden als große Vorbilder hingestellt (mehrheitlich Männer). Ihnen sollten wir nacheifern und ihrem Beispiel in puncto Leitung folgen.

Ich war einer von diesen Followern. Ich ahmte sie nach und füllte meinen Kalender mit Terminen als gefragter Redner und als kreativer Autor von Büchern über Jugendarbeit. Ich wusste jetzt, wie es geht. Einmal war mein Kalender für die nächsten zweieinhalb Jahre im Voraus verplant. Stell dir nur vor, was das bedeutet, so weit im Voraus zu planen? Meine Frau nahm meinen Kalender heimlich an sich und begann, ihre Zeiten, die sie mit mir verbringen wollte, auch in den Kalender einzutragen! Ich war glücklich: Ich »verrichtete Gottes Arbeit« und folgte damit der Tradition großer Christen und Christinnen vor mir.

Wie du dir vorstellen kannst, taten sich bald Risse in meinem Leben auf. Meine Ehe stand auf der Kippe, denn ich hatte selbst in ruhigeren Zeiten kaum mehr Kraft für meine Familie. Ich war zu müde und mein Kopf war schlichtweg immer woanders. Mindestens sechs Monate lang kämpften wir um unsere Ehe und suchten einen anderen Weg, Gott zu dienen. Parallel dazu versuchte ich, alle meine Termine einzuhalten.

Es war sehr schmerzhaft für uns, zu realisieren und neu zu verstehen, was es heißt, Jesus zu folgen und nicht unseren eigenen oder den Erwartungen anderer gerecht zu werden. Viele christliche Leitende leiden unter Stolz und Egoismus. Oft sagen wir, wir dienen Gott durch unsere Taten, aber zu oft dienen wir tatsächlich uns selbst. Wenn wir uns hinter unserem vollen Kalender verstecken, wird Gott das nicht auf sich beruhen lassen. Gott wird unsere eigenen Vorstellungen und Aktivitäten durchleuchten und uns einen anderen Weg zeigen. Das ist oft mit Schmerzen verbunden.

Letzten Endes hat uns Gott in einen anderen Teil der Welt gestellt, wo es normal ist, nur drei Wochen im Voraus zu planen. Ich schrieb allen Veranstaltern, die mich für zwei Jahre im Voraus gebucht hatten, dass ich selbstverständlich bereit sei, meine gegebenen Verpflichtungen einzuhalten, und dafür zurückgeflogen käme. Nur vier Veranstalter wollten, dass ich meine Verpflichtungen erfüllte. Als ich realisierte, dass ich nicht so wichtig war, wie ich gedacht hatte, und dass es andere gab, die schnell meine Lücke füllen konnten, war das zunächst sehr schmerzhaft für mich.

Stolperfallen für Leitende in gemeindlichen Strukturen

Herausforderungen, denen wir begegnen, sind meist gekoppelt an gemeindliche Systeme und Strukturen. Sie begünstigen Stolperfallen für Leitende eher, als dass sie sie verringern. Bob war in solch einem System gefangen und musste eine Entscheidung treffen, um sein Leben ganz neu zu planen.

Wo Erfolg an Zahlen und Umsätzen gemessen wird, werden Leitende zu Sklaven des numerischen und finanziellen Wachstums. Unrealistische Erwartungen an die Leitenden kommen hinzu. Sie werden schneller kritisiert für ihre Arbeit und scheinbar fehlenden messbaren Erfolg, als für ihr Leiten generell anerkannt zu werden. Von den Leitenden wird erwartet, alles zu können, möglichst ein breites Gabenspektrum zu besitzen, eine große Vision zu haben und ganz viel Heiligen Geist. Sie sollen Antworten auf alle theologischen Fragen geben können und immer genau wissen, was wann zu tun ist. Viele von uns Leitenden fühlen sich wie mit einer Lupe beobachtet, und gleichzeitig stehen wir im Rampenlicht. Das ist eine reine Überforderung.

Leiterinnen und Leitern fällt es in so einem Umfeld schwer, ihre Schwächen zuzugeben – was aber so zentral ist, um authentisch Vorbild in der Nachfolge von Jesus zu sein! Eigentlich benötigen sie für ihre Schwächen in einigen Bereichen Menschen, die sie ergänzen und unterstützen. Denn Leitende sind auch nicht davon befreit, zu zweifeln und Angst zu haben. Sie müssen aber mit den Spannungen umgehen lernen.

Fehler machen zu dürfen ist Teil des Prozesses. Fehler zu reflektieren und aus ihnen zu lernen, gehört ebenso dazu. Herausforderungen, die uns als Person und als Teil der Gemeinschaft hinterfragen, sind für uns Leitende oft besonders schwer, denn sie betreffen unsere Identität, unsere Werte, unseren Glauben und unsere Berufung.

Wodurch Leitende fallen – Andreas Timm, Pastor im Christus Centrum in Tostedt, über Selbstwahrnehmung und Zynismus bei Leitenden

Wir kennen das klassische Bermudadreieck, in das Leitende fallen: Sex, Macht und Geld. Und auch wenn ich diese drei eher in Kontinenten wie Afrika, Asien oder Amerika vermuten würde, haben mich über dreißig Dienstjahre im »Westen« gelehrt: Hier stolpern viele Leitende genauso über diese drei Versuchungen. Es gibt aber auch subtilere Stolperfallen, die ich beobachtet habe: Sie haben zu tun mit Selbstwahrnehmung und Zynismus.

Selbstwahrnehmung

Wenn ich meine eigenen Phasen und Momente von Leiterschaft reflektiere, wird mir immer deutlicher, wie wichtig eine gesunde und realistische Selbstwahrnehmung ist. Man spricht viel von emotionaler Intelligenz: Was empfinde ich gerade? Warum empfinde ich es so? Welche Trigger trage ich in mir? Warum verteidige ich mich so vehement? Warum fühle ich mich bedroht? Warum nervt mich etwas oder jemand?

Wo liegen bei unserer Selbstwahrnehmung die Minenfelder?

Minderwertigkeit: Sie führt zu einer Opfermentalität oder einer Tendenz zum Herrschen. Despoten und Diktatoren, die mit harter Hand führten, litten oft an Minderwertigkeit (ob König Saul, Saddam Hussein oder Idi Amin). Jesus dagegen lebte in einer gesunden Selbstwahrnehmung. In Johannes 13,1-2 (HFA) lesen wir von dem, was er »wusste«: »Jesus wusste, dass nun die Zeit gekommen war, diese Welt zu verlassen und zum Vater zurückzukehren. Er hatte die Menschen geliebt, die zu ihm gehörten, und er hörte nicht auf, sie zu lieben. An diesem Abend aß Jesus zusammen mit seinen Jüngern. Der Teufel hatte Judas, den Sohn von Simon Iskariot, schon zum Verrat an Jesus angestiftet. Jesus aber wusste, dass der Vater ihm alles in die Hand gegeben hatte, dass er von Gott gekommen war und zu ihm zurückkehren würde.« Jesus *wusste* um seinen Zeitplan, was ihm gegeben worden war, wo er herkam, was sein Auftrag war und wo er hinzugehen hatte. Deswegen konnte er in dieser Selbstwahrnehmung demütig dienen und handeln.

Selbstüberschätzung: Sie führt zu Blindheit, was die eigenen Schwächen und Begrenzungen angeht. Der Erfolg gibt vielen Leitenden kurzfristig recht. Auf die Dauer kann jedoch eine begrenzte Selbstwahrnehmung zu Problemen im Team führen. Der amerikanische Pastor John C. Maxwell erklärt, dass es dieses Spannungsfeld zwischen denen gibt, die nicht ganz »oben« stehen, und denen, die Position, Einfluss und Erfolg haben, aber eher mitten in einer Organisation stecken. Ich war achtzehn Jahre lang zwar in exekutiver Leitung einer größeren Kirche, aber die letztendliche Verantwortung und Leitung lagen bei meinem Senior-Pastor. Ich spürte manchmal einen Frust bei dem, was (meiner Meinung nach) »vom Top-Leiter kommen müsse«. Gleichzeitig musste ich jedoch ehrlich zugeben, dass, solange ich nicht die gesamte Verantwortung für Leitende, Mitarbeitende und Organisation trug, es für mich leicht war, besser zu wissen, wie man agieren und handeln müsse. Jetzt, einige Jahre später, merke ich, welcher Wind weht, wenn man »ganz oben steht«. Maxwell beschreibt an anderer Stelle in seinem Klassiker *Developing The Leader Within You*[25] die fünf Ebenen von Leiterschaft (*position, permission, performance, people development, personhood* – dt. »Position, Autorisierung, Leistungsfähigkeit, Förderung von Menschen, Persönlichkeit«). Wenn man nicht weiß, auf welcher »Einflussebene« man wirklich steht, und die Wichtigkeit jedes »Levels« verkennt, besteht die große Gefahr der Selbstüberschätzung.

Wie kann ich mich selber gesund einschätzen? Lade bewusst zwei oder drei engere Freunde, Leitende oder Mitarbeitende ein, dir in regelmäßigen Abständen (und in Situationen) ehrliches Feedback zu geben. Nur so erlebst du den »Realitätsspiegel«. Um in meiner Leitungsfähigkeit zu wachsen, aber auch um Marotten und negative Muster zu entdecken, habe ich vor einigen Jahren einen Fragebogen[26] für mich selbst entworfen. Ich bat meine engsten zwölf Leitungskollegen und Mitarbeitenden, mir zu den fünf Hauptaufgaben eines Leitenden Feedback zu geben. Mit einem Freund und Coach habe ich dann anschließend eine zum Teil schmerzhafte Analyse der Ergebnisse durchgeführt und einen Entwicklungsplan entworfen, um mein Umfeld besser führen zu können. Diese freiwillige und proaktive Selbstanalyse hat mir – und meinem Umfeld – viel Frust und potenzielles Leid erspart.

Zynismus

Ein zweiter Bereich, der zur Stolperfalle werden kann, ist das subtile Keimen von Enttäuschung, Frustration und schlussendlich Zynismus. Der entsteht nicht (wie Carey Nieuwhof in seinem Buch *Eisberg voraus – 7 Herausforderungen, die uns kalt erwischen, obwohl sie zu erwarten sind* so treffend beschreibt), weil man *keine* Träume hatte oder *keinen* wirklichen Wunsch hat, etwas zu verändern. Nein, Zynismus beginnt, *gerade weil* man sich investiert und Ziele gesteckt hat

und sehr oft für Menschen da war! Verrat und Verletztsein werden zur Saat dieser zerstörerischen Stolperfalle.
Eine gesunde Selbstkontrolle, Selbsteinschätzung und Eigenwahrnehmung (emotionale Intelligenz) sind unabdingbar. Mein Koordinatensystem dafür besteht aus ***Freunden*** (ich umgebe mich mit guten Freunden), ***Feedback*** (ich lade bewusst dazu ein) und ***Freude*** (ich finde heraus, was mich erfüllt). Die benediktinische Ordensschwester und Autorin Joan Chittister hat sehr treffend beschrieben, was Freundschaft bedeutet: »Ein Freund ist jemand, der das Lied deines Herzens kennt und es dir vorsingen kann, wenn du die Worte vergessen hast.« Und ich füge hinzu: damit du nicht zynisch wirst.
Eine gesunde Wahrnehmung von mir selbst, was in mir und um mich herum passiert, ermöglicht mir in meiner Leitungsposition einen fruchtbaren ***Dienst*** (nichts ist dir zu schade), sogar ***Anfeindung*** (du kannst mit Jesus beten: »Vater, vergib ihnen«) und ein entspanntes ***Loslassen*** (am Ende des Tages geht es nicht um mich, sondern um Jesus, die Menschen und Gottes ewiges Reich).

Andreas Timm, 1965 in Indien geboren und aufgewachsen, hat in Seattle, USA, Theologie studiert und ist seit 25 Jahren Pastor im Christus Centrum in Tostedt. Er ist mit Alice verheiratet und stolzer Vater von vier Töchtern. Zwölf Jahre war er Regionalleiter des Bundes Freier Pfingstgemeinden in Hamburg-Nordheide und investiert sich gerne in Gemeinden und Leitende.

Von Christen verletzt

Zum Schluss dieses Kapitels möchte ich auf Verletzungen durch Gottes Bodenpersonal eingehen. Ich persönlich ertrage es ja viel leichter, verletzt zu werden von Menschen, die mit dem Glauben nichts anfangen können. Verletzungen, die mir meine Geschwister im Glauben zufügen, schmerzen oft viel mehr.

Christen können Leitende auf allen Ebenen verletzen: Leitende werden verleumdet, sie erfahren Liebesentzug, weil sie nicht das machen, was andere von ihnen wollen, oder Mitchristen reden schlecht über die Leitenden. Möglich ist auch, dass Leitungspersönlichkeiten plötzlich nicht mehr beachtet werden, weil sie nicht so viel Zeit und Energie einbringen wie gedacht. Vielleicht leidest du auch darunter, dass es in deinem Umfeld einen scheinbar auserwählten Personenkreis gibt, der meint, Gottes Stimme zu hören oder besonders erwählt zu sein?

Je nachdem, wie du mit Gott unterwegs und in ihm verankert bist, wirst du dich im Kern oder am Rand einer Gruppe oder Gemeinschaft fühlen. Manchmal wählen wir auch selbst den Platz am Rand einer Gemeinschaft, weil wir glauben, nicht gut und liebenswert genug für Gott und die Mitchristen zu sein, um dazuzugehören.

Christen können dich wie Mitgeschwister in einer echten Familie schlecht behandeln und dir damit deine Schwächen noch mal explizit unter die Nase reiben. Verhalten von Christen kann zuweilen schrecklich und schmerzhaft sein. Das Hauptproblem ist dabei oft, dass wir Gott mit seinem Bodenpersonal verwechseln. Und dass Gottes Kinder sich nicht immer so benehmen, wie sie es tun sollten.

Wenn du dich schlecht behandelt fühlst, gerätst du in Gefahr, nicht mehr dazugehören zu wollen. Du verlässt die Gemeinde, die Christen und blockst vielleicht selbst Gott ab. Ich kann dir versichern: Genau an solchen Orten findet Gott dich, so wie er Hagar in der Wüste gefunden hat (1. Mose 16). Gott ist mitten in den Stolperfallen des Leitens und beim Hürdennehmen dabei. Er lässt dich und mich nicht im Stich, auch

WENN DU DICH SCHLECHT BEHANDELT FÜHLST, GERÄTST DU IN GEFAHR, NICHT MEHR DAZUGEHÖREN ZU WOLLEN.

wenn wir ihn immer wieder im Stich lassen. Gott ist treu und kann nicht anders!

Fragen zur Reflexion

- Welche Stolperfallen und Hürden sind dir in deiner Leiterschaft schon begegnet?
- Welche davon sind deine größten Stolperfallen?
- Welche Maßnahmen hast du ergriffen, damit du nicht (immer wieder) in die gleiche Falle tappst?

Werde aktiv!

- Auf einer Skala von 0 (auf keinen Fall) bis 10 (total zutreffend) – wie würdest du deine derzeitigen Stolperfallen und Hürden bewerten:

○ Krisen	○ Einsamkeit
○ Komplexität	○ Ruhm
○ Erschöpfung	○ Minderwertigkeit
○ Verleumdung	○ Selbstüberschätzung
○ Vertrauensbruch	○ Zynismus

- Unternimm einen Realitätscheck, indem du Freunde oder Kollegen bittest, dir ein Feedback zu deinem Verhalten zu geben. Besprich es anschließend mit einem Mentor oder einer Mentorin. Was möchtest du verändern?

EINE NARBE BEWEIST,

DASS HEILUNG

STATTGEFUNDEN HAT.

KAPITEL 5

Wie du mit Schmerzen in Leitung umgehen kannst

»Wir können die Zukunft nicht voraussagen, aber wir können sie gestalten.«
Peter F. Drucker[27]

Sicherlich kennst du das auch, dass im Eifer des Gefechts schon mal ein Gefäß aus Ton oder Porzellan herunterfällt. Du sammelst die Scherben auf und wirfst sie in den Müll, weil das Gefäß vermutlich keinen Wert mehr für dich hat; es hat ausgedient. Du hast vielleicht sehr daran gehangen, vielleicht war es auch ein Erbstück, aber jetzt hast du es zu einem Nichts degradiert.

Nicht so in Japan. Dort gibt es eine Kunstform und Reparaturmethode, bei der man die Scherben nimmt und das Gefäß wieder zusammenklebt. Nicht einfach nur mit Klebstoff, sondern mit einer besonderen Kittmasse, die Goldstaub enthält. Der Vorgang heißt *Kintsugi.* Das Gefäß, das eigentlich wertlos wurde, wird durch diese Reparatur wertvoller. Die Philosophie wird auch »die Kunst des

Schmerzes« oder »die Kunst, mit Schmerzen umzugehen« genannt. Etwas Wertloses wird wieder wertvoll gemacht und ist damit sogar wertvoller als vorher. Man sieht die Klebespuren. Sie werden nicht versteckt, sondern dürfen sichtbar sein. Das Gefäß erzählt seine Geschichte.

Auf unser Thema übertragen bedeutet das: Wir erleben in Leitung Schmerzen und so manches zerbricht. Doch wenn Gott uns wieder zusammenfügt, entstehen aus den Wunden Narben, die uns nicht wertloser, sondern wertvoller machen. Unsere Wunden und Narben müssen wir nicht verstecken, sondern wir dürfen sie mit Würde tragen, sie dürfen sichtbar werden. Eine Narbe beweist, dass Heilung stattgefunden hat.

Die verstorbene Missionspsychologin und Ärztin Dr. Marjory Foyle schrieb ein Buch über Stress und Konflikte unter christlichen Mitarbeitenden und nannte es *Honourable Wounded* (dt. »Ehrenvoll verwundet«)[28]. Ich mag den englischen Titel. Marjory Foyle beschreibt zu Beginn des Buches Soldaten, die vom Kampffeld als gefeierte Helden ihres Landes zurückkehren. Wenn sie während ihres Einsatzes verletzt wurden, dann wurden sie nach Hause geflogen, gepflegt und gefeiert. Sie waren »ehrenvoll verwundet«. Wenn sich dagegen Leitende in Gemeinde und Mission oder in christlichen Werken verwunden, werden sie oftmals eher abgestempelt, umgangen und als Verlierer angesehen. Müssten wir nicht mit Verwundeten auf Verantwortungsebene eher einen ehrenvollen Umgang pflegen?

WIR DÜRFEN UNSERE WUNDEN UND NARBEN MIT WÜRDE TRAGEN.

Was bedeutet es für mich, mit meinen Schmerzen gut umzugehen, sodass Heilung für mich erlebbar wird? Dass wieder etwas zusammenkommt, was zusammengehört wie bei *Kintsugi* und dem zerbrochenen Tongefäß?

Wie kannst du mit deinen Schmerzen umgehen?

Ich beschreibe nun verschiedene Strategien, die mir geholfen haben, mit meinen Schmerzen in Leiterschaft umzugehen. Sie wirken auch in der Begleitung von Führungspersonen. Im übertragenen Sinn sind sie wie ein Pflaster oder Verband, damit Heilung geschehen kann. Diese Strategien sind miteinander verbunden, aber haben für mich keine bestimmte Reihenfolge.

1. Strategie: Erkenne deine Schmerzen an!

Zunächst ist es wichtig, den Schmerz, der im Dienst oder durch die Leitungsposition entstanden ist, anzuerkennen. Vielleicht ist es ein kleiner Kratzer oder eine größere Wunde, die sogar eitert. Du kannst eine erste Bestandsaufnahme machen: »Das ist mir widerfahren, daran leide ich gerade.«

Versuche nicht, den Schmerz zu verstecken, wegzurationalisieren, zu verteidigen, zu entschuldigen oder zu ignorieren. Gib ihn erst mal einfach zu und bejahe, dass du gerade unter Schmerzen leidest. Sobald du die Schmerzen anerkennst, hilft es dir, die Schmerzen und Wunden zu diagnostizieren. Wir sollten die Schmerzen nicht nur uns selbst, sondern auch Gott gegenüber zugeben. Lade ihn von Anfang an in diese schmerzliche Situation ein. Er freut sich darüber, wenn wir ihm gegenüber ehrlich sind. Der Psalmist David ist hier ein Vorbild. Er hat Gott viele Klagelieder vorgesungen. David fand Worte für sein erlebtes Leid, die Ungerechtigkeiten und die gefühlte Abwesenheit Gottes. Vielleicht erlebst du wie David, wie deine Fokussierung auf Gott dein Problem anders und vielleicht auch kleiner werden lässt.

2. Strategie: Berichte Menschen deines Vertrauens von deinen Schmerzen!

Nachdem du deine Wunden unter die Lupe genommen hast, ist es wichtig, einer Person deines Vertrauens über die erfahrenen Schmerzen zu berichten. Versuche Menschen zu finden, bei denen du ganz du selbst sein darfst und die dich nicht aufgrund deiner Unvollkommenheit und möglichen Scherben und Risse in deinem Leben ablehnen. Sie sollten auch nicht zu deinem direkten Leitungs- und Verantwortungsbereich gehören. Du musst frei erzählen können. Nur so kommen die Wunden ans Licht. Indem du über deine Verletzungen berichtest, verlieren die Wunden, welcher Art sie auch immer sein mögen, ihre Macht über dich, und du kannst einen anderen Blickwinkel erhalten.

Viele Menschen begegneten mir nach dem Verlust meiner Position als Geschäftsführerin mit Liebe. Ich durfte einfach nur sein, um meine Wunden zu lecken und Trost zu erhalten. Vielen durfte ich meine Geschichte immer wieder erzählen. Und jedes Mal kamen mehr Klarheit und Ordnung in die Geschichte hinein. Und mehr Licht!

Die amerikanische Schriftstellerin Maya Angelou sagte einmal: »Es gibt keine größere Last, als eine unerzählte Geschichte in dir zu tragen.« Beim Erzählen geht es erst mal um deine subjektive Erfahrung. Erzähle einer vertrauten Person, wie ungerecht und schlimm die Dinge für dich sind, die dich schmerzen und vor denen du Angst hast. Dabei geht es nicht darum, eine andere Person auf deine Seite zu ziehen, sondern ausschließlich darum, dir deinen Schmerz von der Seele zu reden. Durch das Zuhören entsteht oft schon ein erstes Stück Heilung. Alles darf gesagt werden. Möglicherweise wird im Gespräch klar, dass erlebte Dinge nicht nur berichtet werden dürfen, sondern auch Konsequenzen fordern. Auch denen gegenüber, die verletzt haben. Wenn Menschen in Verantwortung und

Leitende in der Kirche Schaden verursacht haben, müssen diese Verletzungen aufhören und geklärt werden. Es darf kein Geheimnis bleiben. Erlebte Situationen, die auch negative Auswirkungen auf andere haben, müssen ans Licht gebracht werden. Du entscheidest, wie der Rahmen dafür aussieht. In etlichen Fällen in den vergangenen Jahren hätten Vorkommnisse wie (geistlicher) Missbrauch frühzeitig ans Licht gemusst. Wenn Schuld gedeckt wird, schaden wir in jedem Fall dem Reich Gottes.

Unerzählte Traumata erlauben dysfunktionales Benehmen derjenigen, die diese verursacht haben, und die Schuld wird immer größer. Außerdem werden diejenigen, die Schaden genommen haben – ob Leitende oder Geleitete –, immer einsamer und sie isolieren sich zusehends. Menschen können nur heilen, wenn sie ihre Geschichten erzählen und Schuld ans Licht kommt.

Kollegen und Kolleginnen bekommen mit, wenn du unter Schmerzen leidest. Oft hilft es, wenn sie wissen, dass du dir dafür Hilfe holst. Auf diese Weise entstehen keine Vermutungen und Gerüchte.

3. Strategie: Nimm dir Zeit, Schmerz zu verarbeiten!

Mein Mentor Bob ermutigte mich, mich nach meinem Rauswurf nicht direkt in eine neue Aufgabe zu stürzen. Angebote gab es viele – womit ich nicht gerechnet hatte –, aber es war nichts dabei, wofür mein Herz schneller schlug. So befolgte ich Bobs Rat, erst mal den Schmerz auszuhalten und meiner Seele die Möglichkeit zu geben, zur Ruhe zu kommen und zu heilen. Ich hatte in meinem Krisenjahr schon etliche Aktivitäten für junge Leitende durchgeführt, und das war auch für mein Herz sehr wichtig. Ich spürte aber, dass es mindestens ein Jahr dauern würde, bevor ich wieder eine größere Leitungsaufgabe übernehmen könnte. Mir war die Zeit geschenkt worden und so wollte ich sie auch nutzen.

So eine Pause möchte ich dir auch empfehlen. Spring nicht sofort hinein in eine nächste Arbeitsstelle, in einen neuen Dienst oder in eine folgende Position, um dich besser zu fühlen und den Schmerz zu verdrängen. Gib dir Zeit, den Schmerz zu fühlen und dann in Heilungsprozesse zu gehen. Das wirst du brauchen! Ein Freund von mir musste unerwartet und auf eine wirklich unmenschliche Art seine Arbeit mit sofortiger Wirkung niederlegen. Er hatte vorher eine globale Leitungsposition inne und kannte Tausende von Menschen. Damit er sich Zeit nehmen konnte, um wieder auf die Beine zu kommen, spendeten seine Freunde so viel Geld, dass er sechs Monate eine Auszeit bekam, bevor er sich Gedanken um seinen nächsten Job machen musste. So versorgte ihn unser kreativer Gott!

GIB DIR ZEIT, DEN SCHMERZ ZU FÜHLEN UND DANN IN HEILUNGSPROZESSE ZU GEHEN.

Ich bin froh, dass mich nicht jemand sofort aus Mitleid »gerettet« hat, sondern dass ich mich meinem Schmerz stellen konnte. Ich wollte auf keinen Fall meine Verletzungen in einen neuen Dienst mitnehmen. Und ich wollte erleben, wie Gott an den tiefen dunklen Flecken meiner Seele arbeitet und mich heilt.

4. Strategie: Werde nicht selbst zum Verletzenden!

Den Schmerz erst mal auszuhalten, kostet uns viel Energie, Zeit und Ungewissheit. Aber es ist extrem wichtig, um als Verletzte nicht direkt zum »Verletzer« oder zur »Verletzerin« zu werden. Wenn wir verwundet sind, müssen wir besonders vorsichtig mit anderen Menschen umgehen, da wir gerade selbst verletzlich sind und eher aus dem Affekt handeln könnten. Wir befinden uns in einer angreifbaren Situation. In solchen Momenten können uns Spontanentscheidungen (zum Beispiel wenn wir denjenigen, der uns verletzt hat, angreifen) mehr schaden als helfen.

Wunden können weitergegeben werden und der »Eiter« kann sich verteilen. Schmerzen können Menschen entzweien und sich wie in einem lebenden Organismus vervielfältigen, bis sich Familienmitglieder oder nahe Freunde auf unterschiedliche Seiten schlagen, miteinander streiten, Anklage erheben und plötzlich keinerlei Kommunikation mehr möglich ist. So können verletzte Menschen zu verletzenden Menschen werden. Verletzte Leitende zu verletzenden Leitenden. Es ist deshalb so wichtig, einen gewissen Anteil an Schmerzen in Leitung zu akzeptieren und nicht auf jede Verletzung (spontan) zu reagieren.

In der Bibel werden immer wieder Geschichten von Menschen erzählt, die verletzt waren und aus ihrer Verletzlichkeit andere verletzten und sogar töteten. Nach dem Sündenfall und der Vertreibung der ersten Menschen aus dem Paradies begann die Geschichte der Menschen mit einem Mord aus Eifersucht. Kain war auf seinen Bruder Abel neidisch, dessen Opfergabe Gott angenommen hatte, und fühlte sich von Gott abgelehnt. Seine Verletzung führte zum Mord an seinem Bruder. Oder König Saul, von dem schon die Rede war, war eifersüchtig auf den berufenen jungen David als seinen Nachfolger und machte ihm das Leben zur Hölle. Und Josefs Brüder verkauften ihn aus lauter Neid in die Sklaverei. Diese Beispiele zeigen, wie wichtig es ist, dass wir weise mit unseren Verletzungen umgehen und nicht selbst zum Verletzenden werden.

5. Strategie: Umarme den Schmerz!

Vielleicht fragst du dich jetzt, wie du an den Punkt gelangen kannst, Schmerzen in Leiterschaft zu akzeptieren und bereit zu sein, sie als Teil deiner Geschichte anzunehmen. Dazu gehört unter anderem die Bereitschaft, Schmerz bewusst zu umarmen. So wie mir Doug Birdsall damals zusprach, dass der Schmerz mir eines Tages dienen wird, so kannst auch du deinen Schmerz umarmen und ihn auf diese Weise nicht verdrängen. Wir müssen nicht masochistisch unterwegs sein und jeden Schmerz mitnehmen. Wir sollten aber bereit sein, den Preis zu zahlen für die Schmerzen, die zur Leitung dazugehören. Wenn wir Schmerzen als Teil von Leiterschaft annehmen, führt das zu einer gesunden Narbenbildung. Gebet, das Lesen im Wort Gottes, Seelsorge und Mentoring fördern die gesunde Narbenbildung von uns Leitenden.

Du solltest nie deinen Schmerz als größer – und damit als bedrohlicher, wichtiger, umfangreicher – betrachten als deine Nachfolge von Jesus, deine Vision für dein Leben und deinen Dienst. Sonst wird sich deine Vision immer an deinen Schmerzen orientieren. Strecke dich bewusst danach aus, was Gott dir noch anvertrauen möchte, und ertrage nicht eine Stagnation in deiner Leitung. Wir sollten den Schmerzen, die unvermeidbar sind, den nötigen Raum geben, aber sie dürfen nicht über uns herrschen. Was hat für dich Priorität: die Schmerzen oder die Vision? Letztlich geht es darum, wer die Macht in deinem Leben hat!

WAS HAT FÜR DICH PRIORITÄT: DIE SCHMERZEN ODER DIE VISION?

Wir werden nie wirklich verstehen können, warum Sachen passieren, die uns aus der Bahn werfen. Solange wir noch nicht das Angesicht Gottes geschaut haben, bleiben viele Erlebnisse ein Rätsel. Und manches, was uns passiert, ergibt tatsächlich keinen Sinn. Wir erleben manchmal Schmerz, ohne dass es dafür eine Erklärung gibt. Aber unsere Haltung gegenüber dem Schmerz macht den Unterschied.

6. Strategie: Vergib dir und den anderen!

Gott fordert uns in seinem Wort immer wieder heraus, Vergebung bei ihm zu suchen. Er spricht uns Vergebung zu, wenn wir anderen vergeben. Damit auch uns selbst. Das finden wir im Vaterunser:

»Vergib uns unsere Schuld, wie auch wir vergeben unseren Schuldigern« (Matthäus 6,12; LUT). Zwei Verse weiter steht: Wenn wir den Menschen vergeben, dann wird uns auch Gott vergeben. Vergeben heißt nicht, dass immer Versöhnung stattfindet (dafür benötigt es beide Parteien). Aber Vergebung macht mich selbst frei, frei von meiner Schuld und frei von der Macht der Unversöhnlichkeit. Das lässt sich schwer in Worte fassen, man muss es einfach erleben.

Ich bin vom Typ her jemand, der sich, wenn Sachen schiefgehen, zuerst selbst verdammt und mit sich selbst sehr kritisch umgeht. Oft suche ich zuerst die Schuld bei mir. Ich musste lernen: Wenn Gott mir vergibt, muss ich auch mir selbst vergeben. Wenn Gott vergibt, gibt es keine Verdammnis mehr (vgl. Römer 8,1).

Zwei Wochen nach meinem unfreiwilligen Ausscheiden als Geschäftsführerin schrieb ich »Danke-E-Mails« an den Vorstand, aber auch an meine Kollegen, Kolleginnen und an die Mitarbeitenden. Obwohl die Zeit für mich so drastisch und abrupt endete, waren diese neun Jahre sehr bewegend und gefüllt gewesen mit vielen großartigen Momenten und Erlebnissen. Der Schmerz sollte nicht das letzte Wort über meine gesamte Zeit haben. So schrieb ich E-Mails und merkte dabei, wie ein ganz kleiner Hauch von Leichtigkeit in mir einzog. Es war ein Start! Neun Monate später schrieb ich mit zittrigen Händen an den Vorstand und bat um einen Termin, da mein Team sehr unter meiner fristlosen Kündigung litt. Es kam dann leider nicht mehr zu einem aufarbeitenden Gespräch. Aber es war wichtig für mich und mein Team, dass wir diesen Schritt, uns mitzuteilen, gegangen waren. Dass unsere Herzen frei wurden und wir letztendlich den Weg der Vergebung gehen konnten. Selbst wenn klärende Gespräche wie in meinem Fall nicht möglich sind, hilft es, dass ich vergebe. Ich möchte diesen Weg gehen, damit keine dieser Geschichten Macht über mich behält.

7. Strategie: Vergrößere deine Schmerztoleranz!

Wir müssen Schmerzen in Führungsverantwortung bis zu einem gewissen Level tolerieren. Um zu wachsen, müssen wir den Schmerzlevel stetig anheben. Craig Groeschel sprach in einer seiner Podcast-Folgen darüber: »Je mehr Verantwortung wir tragen, umso größer wird der Schmerz werden. Dein Level muss mitwachsen.«[29] Oder anders formuliert: Du wirst nur so weit wachsen, wie die Schwelle deines Schmerzlevels angehoben wird.

Wie kann das praktisch aussehen? Indem ich Möglichkeiten, die mir geboten werden, zustimme, auch wenn ich bei vielem großen Respekt oder gar Angst verspüre. Ich selbst arbeite daran, die Bereitschaft mitzubringen, an solchen neuen Herausforderungen zu wachsen. Ich versuche, jedes Jahr etwas Neues zu erlernen, mich einer neuen Tätigkeit zu stellen, eine neue Kultur kennenzulernen und in Gruppen reinzugehen, in denen mich niemand kennt und in denen ich mich auch manchmal unwohlfühle, auch theologisch. Dabei lerne ich extrem viel über mich selbst, meine Ängste, Vorurteile und so weiter. Es hilft mir, mich nicht selbst zu begrenzen.

DU WIRST NUR SO WEIT WACHSEN, WIE DIE SCHWELLE DEINES SCHMERZLEVELS ANGEHOBEN WIRD.

Mit so einer Grundeinstellung hörst du auf, den Schmerz als einen Feind zu betrachten, und schließt mit ihm Frieden. In 2. Korinther 12,9 spricht Paulus davon, dass Gottes Kraft gerade in unserer Schwachheit besonders intensiv wirksam wird. Wir haben eine Schwachstelle, die wehtut, die wir intuitiv schützen oder verbergen wollen. Doch genau diese Wunde nennt Paulus seine Stärke!

Ich bin von Viktor Frankl fasziniert, einem österreichischen Neurologen und Psychiater, der die Logotherapie und Existenzanalyse begründete. Er war während des Zweiten Weltkrieges in vier verschiedenen Konzentrationslagern Häftling und überlebte diese dramatischen Zeiten. Für Frankl war es eine wichtige Erkenntnis, dass der Mensch Sinn im Leben sucht und finden kann. Die Suche nach dem Sinn ihres Lebens gibt Menschen die Motivation zum Leben. Eines seiner legendären Zitate lautet:

> Es geht nicht darum, der Krise Fragen zu stellen: Warum muss mir das passieren? Was soll das alles? Sondern es geht darum, es zuzulassen, dass die Krise mir Fragen stellt: Was soll ich daraus lernen? Was nehme ich mit?
> *Viktor Frankl*

Bin ich bereit, meine Schmerztoleranz anzuheben?

Als Leitende haben wir oft die Sorge, dass wir unsere Berufung verpassen oder das Reich Gottes nicht mehr weiterbauen können, wenn wir unserer Verwundbarkeit und allem, was schmerzt, zu viel Gewicht beimessen. Doch solche Annahmen zeigen, dass wir uns oft selbst zu wichtig nehmen und uns für unersetzlich halten. Gott aber baut sein Reich souverän. Unsere Schmerzen haben in seinem Baustil einen wichtigen Platz. Paulus schreibt während seines Gefängnisaufenthaltes in Philippi, dass seine Gefangenschaft sogar zur Verbreitung der Guten Nachricht geführt hat: »Meine lieben Brüder und Schwestern! Ihr sollt wissen, dass meine Gefangenschaft die Ausbreitung der rettenden Botschaft nicht gehindert hat. Im Gegenteil!« (Philipper 1,12; HFA). Wenn Paulus sich selbst und sein schmerzfreies Leben zu wichtig genommen hätte, dann wäre er im Gefängnis verzagt gewesen, denn er konnte ja praktisch nicht das Wort Gottes verkündigen. Wir benötigen immer wieder die Resilienz und die Bereitschaft, Ja zu mehr Schmerzen und Verantwortung zu sagen.

8. Strategie: Lass dich nicht von Schmerzen definieren!

Damit mich die Schmerzen nicht als Opfer oder Gepeinigte definieren, ist es gut zu wissen, worauf mein Fundament gebaut ist. Bestimmen die Schmerzen meine Identität? Ist meine Identität so sehr an meine Position gebunden, dass meine Identität zusammenfällt, wenn ich meine Position verliere?

In meiner Krise erlebte ich einen weiteren Wendepunkt in einem Gespräch mit Greg Pritchard, dem Direktor des *European Leadership Forums*. Er wurde zu einem meiner wichtigsten Begleiter in meiner Krise. Greg war fest entschlossen, mir eine Brücke zu einem unbekannten Ufer zu bauen. Ende Mai 2016 saß ich in seinem Event-Büro in Polen. Während des Gesprächs las er mir aus der Apostelgeschichte vor. Ich war noch wie betäubt und konnte nur wenig vom Wort Gottes aufnehmen. Ich konnte auch nicht erkennen, wie mein weiterer Weg aussehen sollte. Tränen hatte ich keine mehr. Ich war leer und erschöpft. Während Greg mir aus der Bibel vorlas, fing er an zu weinen. Ich hatte ihn so emotional noch nicht erlebt und verstand es nicht. Wieso weinte er? »Ich spüre den Schmerz Gottes, den er wegen deiner Situation empfindet.« Echt jetzt? »Du stehst an einer Kreuzung und ich wünsche dir, dass du geradeaus und nicht in eine Sackgasse gehst.«

Mir war klar, dass ich mich entscheiden musste: Bin ich Gott so wichtig, dass er Greg gebraucht, um mir zu helfen, dass ich einen neuen Weg finde? Bin ich Gott so wichtig, dass er das Herz eines anderen Menschen so bewegt, dass er um mich weint? Das war unglaublich und von seinen Tränen ging ein großer Trost für mich aus. Greg forderte mich heraus: »Worauf ist dein Fundament gebaut, Evi? Wovon ist dein Wert abhängig? Was definiert dich?« Er nahm ein Blatt Papier und schrieb drei Wörter untereinander: Identität, Berufung und Position.

Greg sagte mir sehr deutlich, dass meine Position nicht meine Identität bestimmen dürfe. »Was auf deiner Visitenkarte steht, macht dich nicht aus. Positionen sind menschengemacht und werden von Menschen vergeben. Deine Identität hat Gott dir gegeben und sie ist einzigartig und unwandelbar! Deine Berufung gründet sich auf deine Identität. Je früher du deine Berufung im Leben erkennst, umso zielgerichteter kannst du arbeiten. Diese Berufung wird sich mit den Jahren anpassen und verändern. Dagegen können sich Positionen sehr schnell ändern, wie du es selbst erlebt hast. Unser Problem ist, dass wir uns leider doch unbewusst über die Position definieren. Sie gibt uns einen Wert, den wir eigentlich in Gott haben sollten.«

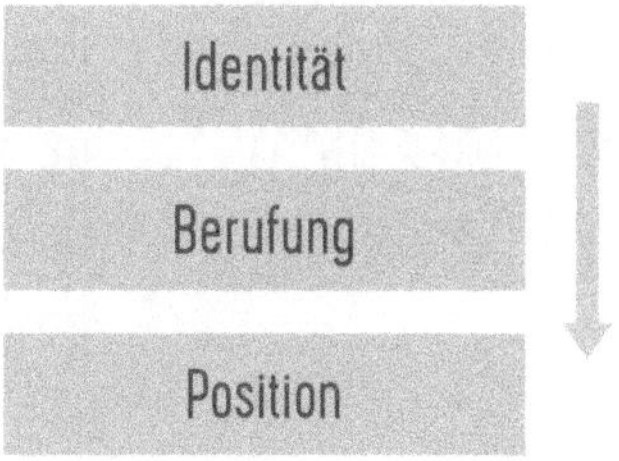

Unsere Wirklichkeit sieht dann so aus:

Je mehr wir aber nachdenken, wer wir in Jesus sind, und wir unseren Blick auf ihn richten, umso weniger schielen wir auf unsere Position. Der Schreiber des Hebräerbriefes (12,2; LUT) bittet uns: »Lasst uns aufsehen zu Jesus, dem Anfänger und Vollender des Glaubens«, damit wir unseren Lauf vollenden. Je mehr unser Leben in Christus – diesem Mann der Schmerzen, der uns in allem vorausgegangen ist und uns eine Schneise geschlagen hat, wie wir in Schmerzen bestehen können – gegründet ist, umso weniger definieren Schmerzen unsere Position. Verletzungen und Narben dürfen nicht über uns Macht bekommen, uns bestimmen und unsere Zukunft gestalten. Narben erinnern uns daran, wo wie herkommen, aber nicht, wo wir hingehen.

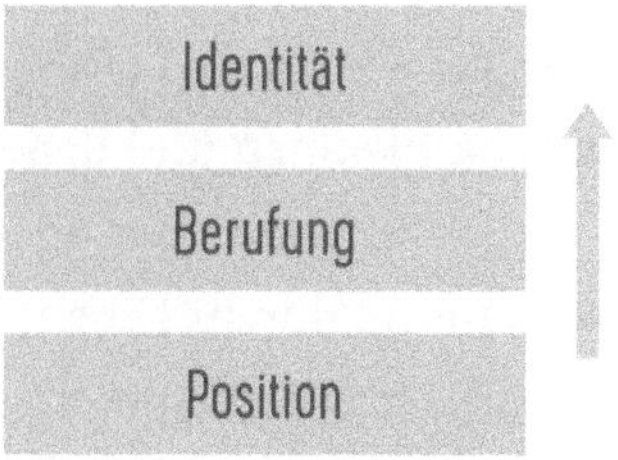

Jesus behielt auch nach der Auferstehung seine durchbohrten Hände und seine durchstochene Seite. Seine Narben identifizierten ihn, weil sie ein Teil seines Körpers geworden waren, aber sie definierten ihn nicht. Den Jünger Thomas forderte Jesus auf, seine Hände in Jesu Seite zu legen. Damit machte er deutlich, dass er der gekreuzigte *und* auferstandene Jesus ist (Johannes 20).

NARBEN ERINNERN UNS DARAN, WO WIE HERKOMMEN, ABER NICHT, WO WIR HINGEHEN.

9. Strategie: Finde eine Schmerzpartnerin oder einen Schmerzpartner!

Wenn wir unsere Schmerzen bewältigen und Krisen in Leiterschaft oder im Leben aufarbeiten möchten, ist es wichtig, Schmerzpartner und Schmerzpartnerinnen in unserem Leben an unserer Seite zu haben. In unserer deutschen Sprache existiert das Wort »Schmerzpartner« eigentlich nicht. Ich halte den Begriff aber für existenziell wichtig, damit wir trotz unserer Schmerzen im Dienst und in der Verantwortung bleiben.

Mit welchen Menschen kannst du deine frohen und auch traurigen Aspekte deiner Leitungsaufgabe teilen? Es sollten Menschen sein, die wie du ein Leitungsamt innehaben, die Schmerzen in Leiterschaft kennen und denen du auf Augenhöhe begegnen kannst. Diese Schmerzpartner oder auch Leidensgenossen wollen bewusst gemeinsam durchs Leben gehen. Sie berichten sich gegenseitig von ihren Schmerzen, können sich trösten und ermutigen. Sie sind partnerschaftlich unterwegs.

Thomas Härry berichtet in seinem Interview im nächsten Kapitel von seinen Schmerzpartnern. Er erzählt von seinem *Circle of Trust* (»Kreis des Vertrauens«). Er wünschte sich solch eine Gemeinschaft, ging auf Männer zu und nach zwei bis drei Jahren hatte sich eine Vertrauensbasis entwickelt, auf der sie bewusst alles miteinander teilen konnten. In Kapitel 9 erzählen Matt Summerfield, John Fudge und Phil Hulks sehr persönlich, wie sich ihre Lebens- und Leidensgemeinschaft entwickelt hat und wie sie das heute noch konkret leben.

Meine schmerzlichen Erfahrungen und Erlebnisse haben so manche Narbe in meinem Leben hinterlassen. Diese Narben machen mich nicht hässlicher, sondern wertvoller – so wie das geklebte Tongefäß. Ich kann die Narben weder vergessen noch auslöschen, aber ich möchte sie als einen Teil meiner Biografie akzeptieren.

Ich habe in dieser Zeit sehr viel mehr von bedingungsloser Liebe und der Gnade Gottes verstanden. Für Gott ist meine Position unbedeutend. Für ihn zählt nur, wie sehr ich ihn liebe und wie viel ich in unsere Freundschaft investiere. All die fantastischen Projekte, die Gott mir seit meinem Crash in den letzten Jahren anvertraut hat, sind ein liebevolles Geschenk für mich. Ein Vers aus dem 2. Korintherbrief hat mich geprägt: »Meine Gnade ist alles, was du brauchst. Meine Kraft zeigt sich in deiner Schwäche« (2. Korinther 12,9). Weil ich das erlebt habe und zuerst selbst die Empfangende bin, glaube ich, dass Gott auch durch deine Schmerzen hindurch zum Zug kommt. Er möchte dir helfen, dass offene Wunden sich schließen und du Narben als etwas Wertvolles ansehen kannst. Deine Geschichte kann dir zum Segen werden. Wenn du mutig Schritte gehst und einige der genannten Strategien ausprobierst, dann feiere auch den (Zwischen-)Erfolg, zelebriere Meilensteine! Wenn also das nächste Mal jemand zu dir sagt: »Du hast einen Sprung in der Schüssel«, dann könnte es zu deinem größten Kompliment werden!

Fragen zur Reflexion

- Kannst du die Schmerzen annehmen, die du in deiner Leitungsaufgabe erlebst?
- Wie hoch ist dein Schmerzpegel und lässt du es zu, dass er angehoben wird?
- Blättere noch einmal zu den Strategien zurück. Welche der genannten Strategien wären jetzt dran für dich und welche solltest du anwenden?
- Wem könntest du deine Schmerz-Geschichte erzählen?

Werde aktiv!

- Erstelle eine Liste deiner Schmerzen, unter denen du immer noch leidest. Welche Personen oder Situationen lösen bei dir immer noch einen Wundschmerz aus?
- Welche Schritte kannst du gehen, damit du innerlich heil wirst?
- Was solltest du loslassen oder aussprechen und wem solltest du vergeben?

MAN KANN SICH SELBST NICHT FÜHREN, WENN MAN KEIN SELBST HAT.

Kapitel 6

Leite dich selbst zuerst

»Nur wenige Führungskräfte sehen ein, dass sie letztlich nur eine Person führen müssen, nämlich sich selbst!«
Peter F. Drucker[30]

»Evi, wann hast du das letzte Mal ein Buch einfach nur zur Entspannung gelesen?«, fragte mich die renommierte Missionspsychologin Debbie Hawker, als ich 2016 in einem gemütlichen Sessel in ihrem Studierzimmer in Birmingham, England, saß. In Deutschland hatte ich mich um einen Termin mit auf Trauma spezialisierten Psychologen bemüht, aber ich hätte erst einen Termin in vier Monaten bekommen. Deshalb finanzierte mir mein Mentor Bob diese Sitzung einschließlich des Fluges nach England. Er wusste, ich konnte nicht mehr lange warten!

Nun saß ich hier mit einer guten Tasse Tee Debbie gegenüber, die noch weitere Fragen für mich auf Lager hatte: »Evi, was tust du für deine körperliche Fitness? Wie ernährst du dich? Wie sieht bei dir der Sabbat aus? Hast du einen Wochenrhythmus? Warum nimmst du dich selbst so wenig ernst?«

Debbie wollte mit diesen Fragen meine Leitungskrise mit mir aufarbeiten. Ich nahm an, ich sei ein sehr disziplinierter Mensch – gleichzeitig wusste ich, dass das aber nicht für alle Lebensbereiche galt. Ich hatte die letzten fünfzehn Jahre viel von mir gefordert. Neben meiner Teilzeitanstellung in einer Aluminiumproduktion leitete ich verschiedene kirchliche Jugendprojekte für meine Stadt und teilweise auch für Deutschland. Und dann kamen die neun vollen, großartigen, aber auch herausfordernden Jahre in diesem europäischen Jugendprojekt. Die Wochen und Monate waren bis zum Rand gefüllt. Ich flog an den Wochenenden viel in Europa umher und investierte mich in nationale Jugendarbeiten und Leiterfortbildungen. Ich fühlte mich sehr erfüllt und als extrovertierte Person gaben mir Menschen Energie. Gleichzeitig wusste ich, dass meine Prioritäten teilweise sehr ungesund waren: ganz viel Arbeit im Reich Gottes und wenig Zeit für mich selbst.

Ich gab Debbie gegenüber zu, dass ich nicht wisse, wann ich das letzte Mal etwas nur zur Entspannung gelesen hatte (obwohl der Bücherstapel neben meinem Bett wuchs). Und dass ich mir wenig Zeit genommen hätte, über meine Gesundheit nachzudenken, und dass ich auch keine Fitness bewusst in meine Woche integriert hätte. Die drei Stunden mit Debbie waren wie ein Metablick auf meinen Körper und meine Seele und erleuchteten Stellen, die ich bisher außer Acht gelassen hatte, deren Wichtigkeit ich nicht als diese erkannte. Es war gleichzeitig heilsam, Mut machend und herausfordernd. Ich wusste, ich musste neue Schritte gehen.

Auf dem Rückflug nach Deutschland bestellte ich sofort fünf Bücher meines Lieblingsautors. Krimiserie, ich war bereit! In den nächsten Wochen und Monaten beschäftigte ich mich bewusster mit mir selbst, um zu lernen, wo ich mich vergessen hatte. Es war ein längerer Prozess, der mich 2018 schlussendlich dazu brachte, mit dem Laufen zu beginnen. Außerdem nahm ich meine Ernährung unter die Lupe. Seitdem bin ich die meisten Tage des Jahres draußen unterwegs, baue mir Challenges in meine Woche ein und trotze dem inneren Schweinehund und dem Wetter in jeglicher Form.

Leider geht es nicht nur mir so. Viele von uns Leitenden vernachlässigen ihre physische, mentale, emotionale und geistliche Gesundheit. Wir opfern uns oft zu sehr für andere auf, anstelle auf uns selbst zu achten. Doch niemand kann sich besser um uns kümmern als wir uns um uns selbst. Die Verantwortung liegt immer bei jedem Einzelnen. Wir müssen uns selbst leiten, bevor wir andere leiten.

Wenn wir als Leitende die Verantwortung für uns selbst übernehmen wollen, gehört auch dazu, dass wir immer wieder unsere Arbeit definieren. Wofür arbeiten wir? Für wen arbeiten wir? Wer sind wir jenseits der Arbeit? Wir sollten uns nicht durch unsere Arbeit definieren. Arbeit an sich ist ein Geschenk Gottes. Wir arbeiten nicht, um dann endlich Freizeit zu haben. Durch Arbeit dürfen wir mitgestalten. Gott hat auch gearbeitet und er hat uns vorgelebt, Ruhepausen einzulegen. Denn Gott ist kein Workaholic. Er hat wenig Freude daran, wenn wir uns hier wichtiger nehmen, als wir sollten. Arbeit sollte nie auf Kosten unserer selbst gehen oder der Menschen, die uns wichtig sind. Die britische Pastorin Kate Coleman beschreibt, dass Frauen in Leitung die Tendenz haben, dreißig Prozent mehr zu arbeiten als Männer.[31] Oft wollen sie beweisen, dass sie auch leiten können, und beachten dabei nicht ihre eigenen Grenzen.

WOFÜR ARBEITEN WIR? FÜR WEN ARBEITEN WIR? WER SIND WIR JENSEITS DER ARBEIT?

Viele Menschen möchten in ihrem Leben eine gute Work-Life-Balance haben. Ich weiß gar nicht, ob es das ist, was Leitende anstreben sollten. Wenn ich mir Jesus, Paulus und die Jünger anschaue, dann sieht deren Leben eher sehr unbalanciert aus. Es geht für mich nicht darum, dass wir eine Balance zwischen Gott, Familie, Arbeit und Freizeit benötigen, sondern dass wir einen gesunden Lebensstil entwickeln, der auch die notwendigen Pausen enthält. Leitende sind oft diejenigen, die denken, sie müssten sich nicht an einen natürlichen Rhythmus halten, und bekommen dafür irgendwann die Quittung. Oder wie ein Pastor mir kürzlich sagte: »Pastoren und Leitende sind oft beratungsresistent. Sie wissen immer alles besser!«

Was hilft dir dabei, dich selbst zu leiten?

Ich habe mittlerweile angefangen, mich selbst besser zu führen, und entscheide mich immer wieder dazu, dass ich mich vor allen anderen selbst führen muss. Thomas Härry, Schweizer Theologe und Dozent, definiert Selbstführung so: *Ich gestalte mein Leben und mein Handeln gegenüber Gott, mir selbst und anderen.*[32] Er gliedert das Thema Selbstführung in vier Bereiche[33]:

- **Selbstverantwortung:** Ich bejahe die Verantwortung für mein Ergehen und Verhalten in allen wesentlichen Bereichen meines Lebens.
- **Selbstklärung:** Ich verschaffe mir Klarheit darüber, wer ich bin, was mir wichtig ist und wie ich mich hilfreich einbringen kann.
- **Selbstfürsorge:** Ich sorge dafür, dass der Tank meines Glaubens, meiner Seele und meiner Lebensenergie ausreichend gefüllt bleibt.
- **Selbststeuerung:** Ich nutze alle mir gegebenen Möglichkeiten, um das Beste aus meinen Lebensumständen und Beziehungen zu machen.

»Man kann sich selbst nicht führen, wenn man kein Selbst hat« – Wie Thomas Härry gelernt hat, sich selbst zu führen

Thomas Härry wohnt mit seiner Frau und seinen drei Töchtern im schweizerischen Aarau. Nach mehrjähriger Tätigkeit als leitender Pastor einer evangelischen Kirche arbeitet er heute als Autor und Redakteur für die Zeitschrift AUFATMEN, als Fachdozent für Neues Testament und Gemeindearbeit am Theologisch-Diakonischen Seminar Aarau und als freier Referent.

Thomas, wie leite ich mich gut?
Man kann sich selbst nicht führen, wenn man kein Selbst hat. Du führst dich immer so, wie du bist. Sein Selbst gilt es zu entdecken, zu verstehen und zu bejahen. Wenn ich Leitungsaufgaben habe, ist es meine erste und wichtigste Aufgabe, mich zuerst selbst zu leiten. Das Grundverständnis von sich selbst zu haben, ist ganz entscheidend.
Als Zweites ist es gut zu wissen, was dazugehört, mich zu leiten. Dazu habe ich über die vier Bereiche geschrieben: Selbstverantwortung, Selbstklärung, Selbstfürsorge und Selbststeuerung. Die Verantwortung für mich selbst zu übernehmen, ist das Wichtigste, und die anderen Themen kommen dann hinzu. Nachdem man weiß, wer man selbst ist, und die Selbstleitung bejaht, gilt es, diese ein Leben lang zu praktizieren. In veränderten Umständen, in Lebens- und Leitungsumständen, stellen sich dieselben Aufgaben immer wieder neu.

Du schreibst von gehemmten Leitenden, die eigentlich alles haben, um gut zu leiten, aber es dennoch nicht können. Woran liegt das?
Die Hemmungen und Unsicherheiten gerade bei jungen Leitenden haben einfach damit zu tun, dass sie sich selbst nicht wahrnehmen und noch nicht wissen, wie viele gute Voraussetzungen sie mitbringen, um selbst leiten zu können. Ich habe eine junge Frau vor Augen, die vor zwei Jahren gesagt hat: »Ach, ich bin keine

gute Leiterin.« Jetzt erlebe ich sie öfter und ich muss ihr dauernd widersprechen und sagen: »Das stimmt einfach nicht.« Wie kommt sie darauf? Sie vergleicht sich mit Personen, die ganz anders leiten. Ich merke, dass sie eine natürliche Autorität hat, eine Herzlichkeit und eine tolle Art zu leiten. Das heißt, junge Menschen merken oft noch gar nicht, welche Fähigkeiten ihnen gegeben wurden. Sie vergleichen sich mit jemandem, der ganz anders ist als sie. Man muss ihnen ihre Fähigkeiten konkret zusprechen. Und dann fangen sie an, es selbst zu glauben. Ich hatte eine Phase in meinem Leben, wo ich in einem »Kopier-Modus« leitete. Ich hatte zwei faszinierende Vorbilder vor Augen und ich habe sie »kopiert«. Am Anfang klappte es, aber dann merkte ich mit der Zeit, wie anstrengend das ist. Aber wie kann ich denn so leiten, dass es meinem Selbst entspricht? Da war wieder diese Verunsicherung: Bleibe ich in diesem Kopier-Modus oder probiere ich mich selbst aus?

Hat dir das jemand gespiegelt?

Gute Freunde wiesen mich darauf hin und sagten: »Ich sehe Andreas in dir.« Zuerst hat mir das noch geschmeichelt und ich musste sagen: »Ja, stimmt.« Und dann dachte ich mehr darüber nach. Wenn jemand in mir Andreas sieht, dann kann das doch auch nicht richtig sein, denn ich bin Thomas. Das hieß, dass ich mich selbst gar nicht traute, einen eigenen Weg gehen zu können, und ich dachte, ich muss wie Andreas leiten. Witzigerweise sehe ich das jetzt gerade bei jungen dynamischen Pastoren. Bis hin zum Styling wird alles kopiert.

Was kann ich tun, um eine stärkere Identität zu erhalten?

Ich bin hier zögerlich, denn wenn wir ganz ehrlich sind, kann ich eine unsichere oder auch fehlgeprägte Identität nicht verändern. Es ist ein Stück weit etwas Gegebenes. Wenn hier etwas Heilsames und Veränderndes geschieht, dann ist es nur möglich, wenn Gott selbst etwas verändert. Gott muss diese Identität von innen aufbauen.

Denn alles, was ich mir selbst über den Kopf zusage (dass ich ein Kind Gottes bin und so weiter), ist nicht schlecht, aber in der Krise trägt es nicht. Das ist meine Erfahrung. Dann bricht sich das andere Bahn – die Lebenslüge stellt sich nämlich ein und diese ist je nach Person sehr spezifisch. Das ist meine Schlussfolgerung in der Begleitung von Leitungspersonen über die letzten fünfzehn Jahre. Deshalb arbeite ich mit den Leitenden eher an ihrer Gottesbeziehung. Sie müssen es von Gott selbst hören und hören wollen. So verordne ich dann diesen Leitenden, sich mit Gottes Wort zu befassen. Ich benenne hierbei gerne die sieben Bausteine unserer Identität[34]: gewollt, gekrönt, angenommen, versorgt, geliebt, festgehalten und gesegnet.

Ich sage ihnen dann, dass sie die Zusagen, die sie oft schon lange kennen, nicht einfach nur lesen sollen, sondern meditieren müssen. Sie müssen so sehr in ihnen ankommen, dass sie sich selbst von Gott zugesprochen fühlen und nicht nur hören. Das sehe ich als sehr notwendig an. Und natürlich ist es hilfreich, wenn man Förderer und Mentoren hat, die einem das Wort Gottes zusprechen. Doch letztlich brauche ich Gott, denn ich kann es mir selbst nicht geben. Aber ich kann es wollen und ich kann es suchen.

Es passiert nicht immer sofort. Manchmal benötigt dieser Prozess auch Zeit. Oft ist es ein Ringen darum. Willst du wirklich, dass sich etwas verändert? Gott hat sein Tempo und ich strecke mich danach aus.

Warum warten wir denn oft zu lange damit, diese »Selbstklärung« anzugehen?

Es gibt viel Scham vor dem Versagen, auch verbunden mit Unsicherheit. Viele werden vielleicht auch nicht auf ihre Fehler angesprochen und zu wenig ermutigt, über ihre Ängste zu reden. Manche suchen die Begleitung erst kurz vor dem großen Knall.

Wenn man seinen eigenen Ansprüchen nicht gerecht wird, neigt man zur Selbstverurteilung. Das ist so ein »Lähmer«. Man ringt dann immer wieder darum, Gnade mit sich selbst und anderen walten zu lassen. Gnade ist immer ein »In-Bewegung-Setzer« und die Anklage dagegen ein »Lähmer«.

Du schreibst, dass wir oft an uns selbst scheitern. Wie kommt es dazu? Was können wir tun und wie gehen wir mit Scheitern um?

Das Scheitern kann aus unterschiedlichen Gründen stattfinden. Es kann mit viel Eitelkeit zu tun haben, wenn ich zum Beispiel selbstbezogen diene und ständig auf der Jagd nach Anerkennungstrophäen bin oder wenn ich diene, um gemocht zu werden. Dienen wird dann zum Vorwand, damit andere mir dienen. Dies sind oft die Leitungsstrukturen von Personen, die sehr selbstsicher daherkommen, aber bei denen das Ego kein oder zu wenig Korrektiv findet. Wenn sich der Erfolg dann doch nicht einstellt, kann es zum Scheitern kommen. Menschen können dir heute applaudieren und dich morgen schon in die Ecke stellen. Wenn dann alle Bemühungen nicht zu diesem Rückfluss führen, den du dir wünschst, dann suchst du dir etwas Neues, das deinen Durst nach Anerkennung stillt.
Und dann gibt es noch diejenigen, die Scheitern verhindern wollen. Das Scheitern, oder auch das Fehlermachen, ist in meinem Leben die entscheidende Lernkurve. Es kann gar nicht darum gehen, Scheitern zu vermeiden, sondern wir müssen daraus lernen. Und wichtig ist, darin nicht für sich zu bleiben, sondern sich Wegbegleiter zu suchen. Ich habe mich schon früh begleiten lassen, aber immer die »heißen Eisen« ausgeklammert. Heute habe ich Mentoren, die mich begleiten und bei denen alles auf den Tisch kommt.

Eine der Kernkompetenzen der Selbstführung besteht darin zu verzichten. Was verstehst du darunter?

Verzichten ist von meiner eigenen Geschichte geprägt und von meiner Neigung zur »Zuvielfalt«. Alles »zu viel« zu wollen, ist bis heute eine meiner größten Herausforderungen. Diese Angst, etwas zu verpassen (FOMO – *Fear of Missing Out*), treibt mich an. Denn es gibt so viele Möglichkeiten, dich zu informieren, dich zu vernetzen, zu kommunizieren – auch auf digitalen Wegen. Du hast so viele Weiterbildungsmöglichkeiten, Veranstaltungsangebote und du möchtest irgendwie immer und überall dabei sein. Und da wird uns der Segen dann zum Fluch. Corrie ten Boom sagte mal: »Wen der Teufel nicht bremsen kann, den jagt er vor sich her.« Und so erging es mir. Dann bekommt man das Gefühl: »Das musst du auch noch tun, mit dem musst du auch noch ...« Und das kann zum Fluch werden.

Ich musste schmerzhaft lernen, dass ich nicht überall dabei sein darf, dass ich auch nicht überall dabei sein soll und dass ich mich trotzdem gut fühle. Es war zum Beispiel meine bewusste Entscheidung, nicht auf den sozialen Kanälen unterwegs zu sein und auch keine eigene Website zu haben. Ich sage nicht, dass ich es nie tun werde, aber in den letzten zehn Jahren hat es mich vor vielem bewahrt. Dann denke ich manchmal: »Ja, wenn du da nicht präsent bist, kannst du dann das, was dir am Herzen liegt, multiplizieren? Kannst du deine Bücher dann überhaupt verkaufen?« Nein, stimmt, das kann ich nicht. Ich verzichte darauf. Ich vertraue hier dem Verlag und Gott. Der entscheidet über die Möglichkeiten und ich lasse die Finger davon.

Wenn du auf dein Leben zurückblickst, was hättest du gerne am Anfang deiner Leiterschaft gewusst?

Ich weiß nicht, ob es mich bewahrt hätte, wenn ich mehr Dinge zu Anfang gewusst hätte. Hätte ich diese hören können und wollen, so wie sie gemeint waren? Ich weiß, dass ich als junger Leiter eigentlich ein paar Dinge gewusst habe, aber ich habe sie nicht ernst genug genommen. Ich kann mich gut mit dem Lied von Johnny Cash identifizieren: »I learned it the hard way« (»Ich lernte es auf die harte Tour«). Aber ich glaube, für Gott ist das nicht so ein Problem. Er kann mit meinen Wegen – auch Umwegen – umgehen und findet einen Weg zu mir, auch durch die Not hindurch. Bei mir hat sich vieles durch die Not zum Guten entwickelt.

»BEI MIR HAT SICH VIELES DURCH DIE NOT ZUM GUTEN ENTWICKELT.« – THOMAS HÄRRY

Eine ältere Studie[35] vom *Fuller Seminary* über den Werdegang eines Leiters beschreibt, dass es in den ersten vierzig Lebensjahren einer Leitungsperson nicht so sehr darum geht, dass Gott *durch* diesen Menschen wirkt, sondern es geht mehr darum, dass Gott *an* diesem Menschen wirkt. Was Gott tun möchte an mir, ist aus seiner Sicht zuerst viel entscheidender als das, was er durch mich in dieser Welt tun möchte. Das hebt es nicht auf, aber es setzt die Priorität anders. Erst im Laufe der Zeit wendet

> sich das und es kommt eine Phase der vertieften Fruchtbarkeit, die sich nicht nur in Zahlen misst, sondern in echter Frucht.
> Das zu verstehen kann helfen, gewisse Prozesse, wo es vermehrt um mich geht, nicht im egoistischen Sinne, sondern im Sinne der Formung und Prägung des Charakters zu bejahen, sodass schlussendlich Frucht entstehen kann. Frucht wird es nur geben, wenn Gott zuerst Frucht in mir, in meinem Charakter, schaffen kann. Das hätte mich noch gelassener gemacht und ich hätte nicht unter solchem Druck gestanden, die Welt jetzt retten zu müssen. Es geht zuerst darum, dass Gott bei mir zum Zug kommt, und das braucht seine Zeit.
> Ich habe selbst zu lange versucht, Fehler zu verhindern, und ich muss heute sagen: Fehler sind in meinem Leben sehr hilfreiche Interventionen Gottes. Die Frage ist nur, ob ich daraus lerne. Dies hätte ich früher begreifen können. Ebenso hätte ich meine Wunden früher aufarbeiten sollen. Ich wusste, dass es welche gibt, aber ich wusste nicht so richtig, wie ich mit ihnen umgehen sollte.

Thomas hat uns wunderbare Juwelen mitgegeben, wenn es darum geht, sich selbst zu leiten, mit Scheitern umzugehen, sich rechtzeitig Feedback einzuholen, Grenzen zu ziehen und als Leitende das Verzichten einzuüben. Ich möchte drei der genannten Themen hier noch etwas in der Tiefe erläutern: Selbsterkenntnis, Ruhepausen und eigene Grenzen.

So führst du dich selbst – ganz praktisch!

Wisse, wer du selbst bist (Selbsterkenntnis)

Thomas sagte schon, dass wir uns nur selbst führen können, wenn wir ein Selbst haben. Wenn wir also wissen, wer wir sind. Das zu wissen und zu erkennen, muss Priorität in unserem Leben haben, denn es ist das Fundament, von dem wir leben und das uns befähigt zu agieren. Wer bist du in Gottes Augen? Was sagt das Wort Gottes über dich? Was sind Gottes persönliche Zusagen für dich? Wer bist du in Christus? Ich verstehe immer mehr, dass mein Selbstvertrauen weniger mit meinem Istzustand zu tun hat als mit dem, was ich glaube, was Gott durch mich tun kann.

Selbsterkenntnis hilft uns außerdem, die inneren Werte zu verstehen, mit denen wir unseren Erfolg messen und unsere Begabungen und Fähigkeiten wertschätzen. Wenn wir diese Selbsterkenntnis nicht haben, dann fehlt uns die notwendige Einsicht, um die Quellen unserer eigenen Motivation zu verstehen und die Auslöser zu entdecken, die unsere Handlungen beeinflussen. Und dazu gehört ebenso das Warum: Warum lebst du? Was ist der Sinn deines Lebens? Deine Berufung zu entdecken, ist, wie einen Schatz zu heben. Ich kann dich nur dazu ermutigen, diesen Schatz so früh wie möglich zu heben. In Kapitel 9 gehe ich noch etwas näher darauf ein, wie du deine persönliche Lebensvision entwickeln kannst.

Baue bewusste Ruhepausen ein

Ich beobachte, wie es mir und vielen anderen Leitenden um mich herum sehr schwerfällt, den Sabbat als Gottes Work-Life-Rhythmus in unseren beschäftigten Alltag einzubauen. Und weil diese Thematik immer wieder in Gesprächen mit Verantwortungsträgern aufkommt, möchte ich dich ermutigen, deine Ruhepausen nochmals bewusst anzuschauen. Sind sie in deine Woche integriert? Hast du Ruhepausen in jeden Monat oder auch in dein Jahr eingeplant?

Sabbat bedeutet im Hebräischen so viel wie »etwas aufhören oder beenden«. Man hört bewusst mit etwas auf, um dann wieder anzufangen. Wenn wir nicht den Sabbat in unserem Leben beherzigen, senden wir damit eine klare Botschaft über unseren Glauben an Gott, das Leben und die Arbeit: dass Gott dringend auf meine Mithilfe angewiesen ist oder ich Kontrolle über alles behalten muss. Wenn wir den Sabbat beachten, akzeptieren wir unsere eigenen

Begrenzungen und unsere Abhängigkeit von dem, der größer ist als wir und schlussendlich alles unter seiner Kontrolle hat.

Mit dem Sabbathalten meine ich nicht nur den Sonntag. Für viele Leitende in den Gemeinden ist das einer der Hoch-Tage. Da wird alles gegeben. Die Frage ist: Wie baust du dann deinen Sabbat in die Woche ein? Wo schreibst du ihn in deinen Kalender und wann hast du freie Zeiten, an denen nicht gerüttelt wird? Wir müssen sehr bewusst darüber nachdenken, was unsere natürlichen Rhythmen sind, und sie in unser Leben einbauen und erhalten. Viel zu arbeiten ist an sich kein Problem, solange wir immer wieder zur rechten Zeit Pausen einlegen.

WENN WIR DEN SABBAT BEACHTEN, AKZEPTIEREN WIR UNSERE EIGENEN BEGRENZUNGEN UND UNSERE ABHÄNGIGKEIT VON GOTT.

Mir hilft es, diese Ruhezeiten schriftlich in meinem Kalender zu verankern, da ich besonders am Wochenende in junge Leitende in Europa investiere. Praktisch bedeutet es, den nächsten Tag nach einer Reise wenigstens für einen halben Tag frei zu halten. Oder ich markiere bewusst Abende und halte sie als persönliche Auszeiten ein. Sonst werde ich von Terminen überrannt. Werde ich dabei nachlässig, tut das weder mir noch meinen Mitmenschen gut. Zusätzlich haben wir als Leitende hier eine Vorbildfunktion.

Craig Groeschel ermutigt in einem Podcast[36] von 2020 zu einem Energie-Audit. Du solltest nicht nur wissen, ob du ein früher Vogel oder eine Nachteule bist, sondern auch, wie sich deine Energie auf die Woche, den Monat und das Jahr verteilt. Welche Wochentage verbringst du mit Höchstleistung? Wann kommst du gut in Gang und wann lässt deine Leitungskraft nach? Würde es helfen, manche Sitzungen am Anfang des Monats zu haben, um dann auf den Rest des Monats deine Energie zu verteilen und Projekte zu bearbeiten? Und wenn du deinen Jahreskalender anschaust, wann bist du besonders aktiv und solltest demnach andere Monate etwas ruhiger fahren? Den Ansatz finde ich sehr spannend. 2020 habe ich mir über zwei Monate bewusst Zeit genommen, meine Energie zu auditieren, und daraufhin Maßnahmen ergriffen, mit meiner Energie und Zeit noch besser zu haushalten. Und mir neu zu überlegen, wo und wie Sabbatzeiten eingebaut werden. Es ist ein ständiger Lernprozess.

Pausen sind nicht nur dazu da, um zu entspannen, sondern auch, um Maßnahmen für unser geistliches, geistiges und körperliches Wohlbefinden einzubauen. Wie regeneriert sich deine Seele? Welche Bücher tun dir gut? Wo baust du Sport in deinen Alltag ein? Genau diese Sachen hatte ich selbst in meiner Hochphase oft vernachlässigt, wie mir die Psychologin in England spiegelte. Ich kenne etliche Leitende, die in ihren Kalender regelmäßig offizielle Läufe eintragen, damit sie im Training bleiben. Was würde dir helfen, regelmäßig deine Pausen einzuhalten? Kennst du Menschen, mit denen du dich darüber austauschen kannst und die dir in diesem Punkt weiterhelfen können?

Erkenne eigene Begrenzungen an

Neben den bewussten Pausen geht es auch darum, Begrenzungen in unserem Leben zu bejahen und zu akzeptieren. Geografische oder physische Grenzen, die sichtbar sind, können Zäune, Begrenzungen oder auch Schilder sein. Diese Grenzen sind dazu da, um ein Gebiet zu definieren und zu schützen. Sie sind leichter zu identifizieren als unsere zwischenmenschlichen Grenzen, die man nicht sehen kann. Die zwischenmenschlichen Grenzen definieren aber, wo ich ende und wo der Rest der Welt anfängt. Sie legen unsere kognitiven, emotionalen, psychischen und geistlichen Gebiete fest und helfen uns zu bestimmen, was unsere rechtmäßige Verantwortung ist und was nicht. Das Problem unter Leitenden, wie ich es sehe, ist nicht, dass alle zu sehr Grenzen ziehen, sondern dass wir zu sehr über unsere eigenen Grenzen gehen und zusätzlich oft die der anderen überqueren.

Von wem könnten wir hier besser lernen als von Gott selbst? Gott zieht Grenzen, angefangen bei der Geschichte der Schöpfung: Er setzte eine Begrenzung zwischen Tag und Nacht, zwischen Wasser und Land, er machte einen klaren Unterschied zwischen Menschen und Tieren. Dass er sich auch selbst begrenzt, wird für mich in der Dreieinigkeit sichtbar. Gott selbst begrenzt sich auf Vater, Sohn und Heiligen Geist, die doch eins sind. Sie haben sich entschieden, abhängig voneinander zu sein und zu bleiben. Jesus betont immer wieder, dass er und der Vater eins sind (zum Beispiel in Johannes 17) und dass er nichts tut ohne den Willen seines Vaters. Sie haben sich entschlossen, in diesen abgesteckten Grenzen zu leben.

Gott gibt mir und dir die Freiheit, ebenfalls Grenzen zu setzen, Entscheidungen zu treffen, Limits in meiner Zeit und Energie anzuerkennen. Ich muss mich dann auch nicht ständig schuldig fühlen, dass ich nicht noch mehr liefere, mache, anderen abnehme und so weiter. Grenzen sind nicht einfach dazu da, mich einzuengen, sondern sie fokussieren mich und ich kann dadurch die Kraft, die ich von Gott erhalte, so verwalten, dass ich bis ans Lebensende laufen oder wenigstens mit dem Rollator gehen kann. Es liegt an uns: Wir können ständig gegen die Grenzen angehen oder mit diesen vernünftig umgehen und sie weise beachten. Jeder von uns hat hier ein anderes Kapital von Gott bekommen, mit dem wir wirtschaften dürfen. Deshalb sollten wir uns auch nicht untereinander vergleichen.

GOTT LEBT IN GUTEN GRENZEN – UND ER GIBT MIR UND DIR DIE FREIHEIT, EBENFALLS GRENZEN ZU SETZEN.

Gesunde Grenzen erlauben uns, dem anderen zu sagen: »Bis hierher kann ich mitgehen«, oder auch: »Das werde ich machen, das nicht.« Wenn du dein eigenes Nein respektierst, werden es auch die anderen tun. Du musst als leitende Person nicht alles machen. Wenn du gute Grenzen ziehen möchtest, geht es in erster Linie darum, dir selbst gute Grenzen zu setzen. Solange wir die Kontrolle über unser »Eigentum« an andere abgeben, werden wir Opfer ihrer Verantwortungslosigkeit.

Es ist eine Herausforderung, seine eigene Menschlichkeit anzuerkennen. Es bedeutet, dass ich den Nächsten liebe wie mich selbst. Selbstfürsorge ist niemals ein selbstsüchtiger Zug – es ist einfach eine gute Verwaltung meines Lebens und dessen, was mir anvertraut wurde. Es ist ein Geschenk, mit dem ich anderen zum Segen werden kann. Es ist nie zu spät, damit anzufangen oder neu Prioritäten zu setzen.

Ich wünsche dir bei deiner Selbstleitung viel Freude und ebenso ein fröhliches Experimentieren. Wie Thomas Härry meinte: »Neue Situationen erfordern immer wieder Adaptionen von uns.« Packen wir es mit Gottes Unterstützung an!

Fragen zur Reflexion

- Wo akzeptierst du das Menschsein bei anderen viel mehr als bei dir selbst?
- Was motiviert dich, Entscheidungen zu treffen?
- Wann hast du das letzte Mal Nein gesagt und wie erging es dir dabei?
- Wie gehst du mit den gottgegebenen Ruhepausen (Sabbat) um?

Werde aktiv!

- Welche Baustellen im Bereich Selbstführung hast du? Nimm dir doch mal Zeit, darüber nachzudenken und drei Schritte aufzuschreiben, wie du besser auf dich achten könntest. Und setze dann einen Schritt in der kommenden Woche um.
- Erstelle ein Energie-Audit! Schreibe also deine Energiephasen für den nächsten Monat auf und analysiere anschließend deine Erkenntnisse.

Reflektiere deinen Sabbat und wie du ihn bisher lebst und ihn gestaltest. Was läuft gut, was könnte besser laufen?

DER GLAUBE FORDERT UNS
IMMER WIEDER HERAUS,
IM LIMINALEN RAUM MIT GOTT
ZU VERWEILEN, ZU WARTEN
UND AUSZUHALTEN.

Kapitel 7

In der Wartehalle Gottes – Was kannst du tun?

»Du verlierst keine Zeit, wenn du auf Gott wartest.«
Corrie ten Boom[37]

Vielleicht kennst du das auch: Du sitzt am Bahnhof in einer dieser Wartehallen mit einer klaren Mission. Du wartest darauf, dass deine Bahn angesagt wird. Deine Mitreisenden schauen ständig auf ihre Armbanduhren oder Handys. Sie wollen genau wie du auf keinen Fall ihre Bahn verpassen. Ein Mann schläft friedlich in der Ecke, als ob er einfach nur im Wartesaal glücklich ist. Züge kommen angebraust und fahren wieder ab. Etliche Menschen hasten auf dem Bahnsteig umher und scheinen genau ihr Ziel zu kennen. Aber für dich ist die richtige Bahn noch nicht dabei. Du musst weiterwarten! Vielleicht auch, weil dein Zug Verspätung hatte und der Anschlusszug nicht warten konnte.

Und so wartest du weiter. Langsam wirst du ungeduldig. Es fühlt sich an, als befändest du dich auf dem Abstellgleis. Immer wieder wandert dein Blick auf die Anzeigetafel. Irgendwann sollte doch dein Zug kommen! Und du fragst dich, warum der Mann in der Ecke einfach so friedlich schlafen kann. Am liebsten möchtest du ihn wecken, denn du erträgst seine Entspanntheit nicht. Du fängst an, innerlich zu zappeln, rutscht mit dem Hintern hin und her und hoffst einfach nur, dass die Zeit schnell vergeht. Du googelst, ob es nicht doch eine frühere Bahn gibt und du möglicherweise auch über drei Ecken das Ziel schneller erreichen könntest. Bloß nicht dieses Warten aushalten müssen, diese Zwischenstation.

Viele Leitende erleben solche Zwischenstationen. Wir finden uns in verschiedenen Lebens- und Leitungszeiten immer wieder im Wartesaal ein. Eine Station liegt hinter uns, vielleicht ein Dienst, eine Gemeinde oder die Gründung einer Organisation. Vielleicht haben wir diese Station sogar selbst verlassen und uns zu einem neuen Ziel aufgemacht. Wir spüren, dass etwas Neues auf uns wartet. Vielleicht waren es aber auch die Umstände oder, noch schlimmer, wir wurden aus einer Leitungsaufgabe unsanft herauskatapultiert. Wie auch immer, dieser Zwischenraum ist für viele von uns Realität.

Ein liminaler Raum

In der Anthropologie wurde zum ersten Mal von einer Liminaliät geredet, von einem liminalen Raum. »Liminal« kommt von lat. *limes* und bedeutet »Schwelle« oder »Zwischenraum«. Ein äußerst spannender Begriff, wie ich finde. Lass mich dir erklären, warum ich ihn schätzen gelernt habe.

Ein liminaler Raum entsteht, wenn wir das Alte und Erfahrene hinter uns lassen und nicht wissen, was als Nächstes kommt. Wir stehen an einer Türschwelle und können nicht zurück. Die Landkarte oder auch das GPS, die wir in der Vergangenheit für unsere Lebensplanung eingesetzt haben, existieren nicht mehr. Wir haben noch einen Kompass in der Hand, aber der Nordstern ist von Wolken verdeckt.

Es ist ein ungemütlicher Raum. Wir sind verunsichert und haben keine Ahnung, was kommen wird. Das trifft uns mehrfach im Leben: in der Pubertät oder beim Verlassen des Elternhauses, wenn wir heiraten, Eltern werden, uns vielleicht scheiden lassen, durch die Midlife-Krise oder die Wechseljahre gehen, Rentner werden oder Abschied von Angehörigen nehmen müssen … All diese Situationen und Ereignisse sind liminale Räume.

Solche Zeiten auszuhalten, kann unfassbar hart und schrecklich sein. Sie können Druck und Schmerzen auslösen. Vielleicht weißt du in so einer Lage irgendwann gar nicht mehr, wie du überhaupt noch fühlen oder agieren sollst. Wirst du jemals diesen Raum wieder glücklich verlassen? Ist es wirklich nur eine Zwischenstation? Es fühlt sich so unendlich an.

Wenn deine Persönlichkeit eher nach Sicherheit sucht, wirst du ganz schnell zum alten Raum zurücklaufen wollen. Da weißt du wenigstens, was du hast. So ging es auch dem Volk Israel, nachdem Gott es spektakulär aus der Sklaverei herausgeführt hatte und es dann wegen seines Unglaubens in der Wüste landete. Die Israeliten wollten immer wieder zu den Fleischtöpfen Ägyptens zurück. Wenn deine Persönlichkeit eher risikofreudig ist, wirst du schnell auf den neuen Ort zulaufen und ihn dir selbst gestalten, so wie du ihn magst. Keiner von uns möchte jedoch im liminalen Raum sein, ohne zu wissen, wie es und wann es weitergeht. Dann kämen wir uns vor wie abgestellt, übrig geblieben. Und doch fordert uns der Glaube

> ZWISCHENZEITEN UND UNGEWISSE ÜBERGANGSPHASEN SIND UNGEMÜTLICHE ORTE.

immer wieder heraus, genau dort mit Gott zu verweilen, zu warten und auszuhalten. Der Theologe Richard Rohr schreibt dazu:

> Es ist so, als ob du das Erfahrene und für Wahrgehaltene hinter dir lässt, aber du konntest es noch nicht durch etwas Neues ersetzen. Du hängst zwischen deiner alten Komfortzone und einer neuen möglichen Antwort fest. Wenn du keine Erfahrung damit hast, mit Sorgen und Ängsten umzugehen, wie du Ambiguität aushalten, wie du vertrauen und warten kannst, wirst du um jeden Preis davonrennen wollen. Einfach nur, um diesem schrecklichen Unbekannten und Unvertrauten zu entkommen.[38]

Eine solche Situation ist geprägt von Ungewissheit, in der nichts mehr klar scheint. Was ich als wichtig eingestuft habe, wurde gestoppt. Für solche Phasen gibt es vielschichtige Gründe. Ein Event oder auch Umstände können unser Leben plötzlich unterbrechen und alles hängt in der Luft.

Für mich war es das 15-minütige Telefonat, das mich von meiner Arbeit als Geschäftsführerin ins Nichts katapultierte. Für dich könnte es etwas sein, was Menschen um dich herum widerfährt und Auswirkungen direkt auf dich hat. Du hast keine Kontrolle über diese Ereignisse. Für jemand anderen kann die Richtung sehr klar sein, aber nicht das Timing. Wir alle finden uns immer mal wieder in dem Warteraum Gottes wieder. Ungewollt.

Und genau in diesem Raum ist Gott mittendrin. Er ist schon da. Er ist mit dabei. Er wartet mit. Er bestätigt. Er beruft.

Im Zwischenraum bist du mit dir selbst konfrontiert

In solchen Zeiten bist du mit deinen innersten Ängsten und Gedanken konfrontiert. Wer bist du? Wo hast du Erfolg und Versagen erlebt? Es kann dein Innerstes infrage stellen. Deine Identität anzweifeln. Der Zwischenraum dient dazu, einige deiner Gewohnheiten und Routinen zu unterbrechen, damit du dich neu fragst, warum und wozu du eigentlich tust, was du liebst zu tun.

Der amerikanische Autor und Berater Alan Seale hat diesen liminalen Raum[39] mit dem Larvenstadium eines Schmetterlings verglichen. Die Schmetterlingsraupe weiß instinktiv aus ihrer genetischen Programmierung, dass sie sich selbst in einen Kokon einwickeln muss. Sie hat sicherlich keine Ahnung, warum und wieso und wie lange sie in diesem Stadium bleiben muss. Aber um von einem Stadium in das andere übergehen zu können, muss sie in diesen liminalen Raum gehen. Im Kokon verändert sich der Körper der Raupe dann. Er löst sich fast auf, um dann aus den Zellen Flügel zu entwickeln und zu einem wunderschönen Schmetterling zu werden. Wenn ich dem Schmetterling helfen würde, sich aus dem Kokon vorzeitig zu befreien, stirbt er. Er braucht dieses Rausarbeiten, um starke Flügel zu erhalten und seiner Bestimmung nachzukommen – zu fliegen.

Das ist doch eine wundervolle Metapher auch für uns. Auf ähnliche Weise könnte es sein, dass wir uns selbst in so einen liminalen Kokon einwickeln müssen. Gott gibt uns Zwischenzeiten, in denen er uns umbaut – in denen Zellen verändert werden, um im Bild von der Raupe und dem Schmetterling zu bleiben. Ist das mit Schmerzen verbunden? Sicher. Braucht es Geduld, diese Umbauzeiten auszuhalten? Auf jeden Fall. Wenn wir durch solch eine Phase hindurchmüssen, wissen wir oft zunächst nicht, was eigentlich gerade passiert oder wozu es wichtig sein könnte. Doch genau an so einem Ort oder in so einem Raum kann etwas Echtes und Neues wachsen. Es ist ein heiliger Raum, in

WENN MAN EINEM SCHMETTERLING HELFEN WÜRDE, SICH AUS DEM KOKON VORZEITIG ZU BEFREIEN, STIRBT ER.

dem Gott uns auf eine Art begegnen kann, die wir sonst nicht erleben würden. Ein Raum, in dem wir Sachen lernen, die wir sonst nie lernen würden. Die alte Welt um uns zerfällt und eine neue und größere Welt wird uns offenbart.

Genau hier lernen wir Offenheit und Geduld für das, was kommen wird. Jetzt findet Wachstum statt. Das Einzige, das wir tun müssen: Wir müssen den Raum aushalten.

Der Zwischenraum bietet dir echte Chancen

Veränderung geschieht nie innerhalb eines festgelegten Raumes. Veränderung in einem Bereich des Lebens schwappt immer über auf einen anderen Bereich. Gemeinschaft, Spiritualität, Berufung, Beziehungen, Freundschaften und Emotionen existieren nicht einfach nebeneinander, sondern sie beeinflussen sich gegenseitig. Das gilt auch für uns Leitende. Und wenn wir uns in unserer Leitungsverantwortung dieser Liminalität ehrlich stellen, haben wir gute Möglichkeiten, daraus gestärkt hervorzugehen. In dieser Phase liegen echte Chancen und wir sollten uns weder von ihr lähmen lassen noch vor ihr flüchten. Wenn wir den liminalen Raum gemeinsam mit anderen durchleben, dürfen wir mit Mut und Zuversicht unserer Zukunft entgegengehen.

Als ich das erste Mal von diesem Zwischenraum durch einen Freund hörte und dann darüber las, pochte mit einem Mal mein Herz ganz laut. Ich hatte so etwas wie einen Schatz gefunden. Worte, die mein Gefühl beschrieben. Worte, die meinen Zustand erklärten. Das löste Hoffnung aus. Ja, es konnte weitergehen. Während ich die Nachwehen meiner Leitungskrise durchlebte, fühlte ich mich wie in einem liminalen Raum. Ja, ich bin Gott sei Dank nicht stehen geblieben, sondern durfte weiterhin unterwegs sein.

Ich habe seit der Krise viele tolle Sachen erleben dürfen, vielleicht auch gerade wegen ihr. Ich merkte, dass Gott mich in meiner Krise und Schwachheit dennoch gebrauchte, aber ich wusste damals auch, dass ich noch nicht wieder angekommen war. Wo sollte die Reise hingehen? Ich ahnte nur, dass Gott meine Berufung nicht von mir genommen hatte, auch wenn Menschen mir eine Position genommen hatten. Aber wo sollte ich als Nächstes einen Unterschied machen? Wo war mein neuer Platz? Ich erahnte Konturen wie in einem dichten Nebel, doch das Ziel hatte ich nicht klar vor Augen.

Gott forderte mich heraus, ihm nachzufolgen – auch in den Nebel hinein. In das Ungewisse. Und ich sollte diese Wartezeit nicht einfach abkürzen, indem ich auf einen vorbeifahrenden Zug aufsprang. Dabei hätte ich das am liebsten gemacht. Es klingt ja auch irgendwie uncool, anderen sagen zu müssen: »Ich weiß noch nicht, was als Nächstes kommt.« Ich war doch eine Führungskraft mit Vision und Durchblick – nur dieses Mal leider nicht. Ich musste meine Idee von erfolgreichem Dienst und eigenen Wünschen loslassen und Gott wieder neu sagen: »Egal, was passiert, ich will dir einfach nur treu sein.« Ich beschloss, Gott zu folgen – auch in solche »Umbauzeiten« hinein, wie es die Israeliten erlebten, als Gott sein Volk in die Wüste schickte.

In Wüstenzeiten möchte Gott dir begegnen

Die Bibel redet nicht von der Liminalität. Sie benutzt dafür ein anderes Wort und spricht von Wüstenzeiten. Etliche Menschen der Bibel hatten eine solche Wüstenerfahrung, zum Beispiel das Volk Israel. Immer wieder befanden sich die Israeliten in einem liminalen Raum und wussten nicht, wie es für sie weitergehen sollte.

Kamen sie aus der Unterdrückung und Verfolgung wieder heraus? Sie sehnten sich nach Ägypten zurück. Ihre Leiter waren herausgefordert, in solchen Zwischenzeiten zu führen. Oft genug scheiterten sie daran. David war in einem liminalen Raum, als er wusste, dass er zum König gesalbt wurde, aber den Thron noch nicht besteigen konnte. Wüstenzeiten erlebten auch Noah mit seiner Familie auf der Arche, Mose auf dem Berg Sinai oder Jesus in der Wüste.

Die Wüste ist ein Ort, wo wir keine Kontrolle über die Natur haben. Außer auf einer coolen Kamelreise werden wir sie nicht zum Spaß betreten. Wir haben eher Angst vor solchen unberührten Gebieten und dem Klima, das dort herrscht. Wir wollen lieber umkehren und in die sichere Stadt zurück, wo wir wieder Kontrolle über unser Leben übernehmen können.

In der Bibel ist die Wüste aber kein Ort der Furcht oder des Terrors. Es ist ein Ort, wo Gott den Menschen begegnet. Manchmal, weil Menschen sich dort verstecken, wie zum Beispiel Mose vor dem Pharao, Hagar vor Abraham und Sarah, David vor Saul oder Elia vor Isebel. Zu anderen Zeiten, weil Gott Menschen dort hinführte, wie zum Beispiel die Israeliten, nachdem sie aus der Sklaverei Ägyptens entkommen waren. Auch Abraham wurde von Gott aus seiner Heimatstadt Ur in die Wüste gerufen oder Johannes der Täufer und selbst Jesus. Aus welchen Gründen und auf welche Weise es auch geschieht: Gott begegnet den Menschen in der Wüste. Dann geschehen zwei Dinge:

DIE WÜSTE IST IN DER BIBEL EIN ORT, WO GOTT DEN MENSCHEN BEGEGNET.

1. Gott begegnet den Menschen mit Barmherzigkeit

Wenn man sich die Geschichten in der Bibel durchliest, in denen Gott Menschen in der Wüste begegnet, entdeckt man einige Gemeinsamkeiten. Gott ruft meistens die Menschen bei ihrem eigenen Namen, bietet ihnen Hilfe an und tröstet sie. Gott sieht sie.

Er sieht die Sklavin Hagar, die von Abraham und Sarah schlecht behandelt wurde. Während sie in der Wüste um ihr Leben und das Leben ihres Sohnes weint, ruft Gott sie beim Namen: »Hagar, du Magd Sarais, wo kommst du her und wo gehst du hin?« (1. Mose 16,8; BB).

Der Prophet Elia sitzt nach einer erfolgreichen Aktion für Gott unter einem Strauch und möchte nur noch sterben. Gott versorgt ihn mit Essen, beschützt ihn während seines Schlafes und spricht am Ende im Wind zu ihm (1. Könige 19,12). Die Wüste ist für Elia ein Ort, wo Gott ihm begegnet.

Gott begegnet auch dem Volk Israel in der Wüste und versorgt sie mit Lebensmitteln, spendet ihnen Schatten durch Wolken und Wärme durch Feuer. Immer wenn sie nicht weiterwissen, begegnet ihnen Gott.

Wenn wir am Ende sind, wenn wir nicht wissen, was wir als Nächstes machen oder wo wir hingehen sollen, begegnet uns Gott in so einer Situation.

2. Gott schenkt den Menschen eine Perspektive und zeigt ihnen einen Weg voran

Bei jeder der folgenden biblischen Personen sehen wir, wie Gott diese Menschen für das nächste Kapitel in ihrem Leben vorbereitet hat. Der Weg scheint wieder klarer und bietet eine andere Sicht.

- Obwohl Mose Angst und viele Ausreden hatte, erhält er von Gott den Auftrag, das Volk Israel aus Ägypten zu führen, übernatürliche Vollmacht und seinen Bruder Aaron als Unterstützung.

- Abraham erhält ein Versprechen und schlussendlich einen Sohn, der der Vater der Israeliten werden wird.
- Hagar erhält eine Prophezeiung, dass sie in all ihrem Leid eines Tages die Mutter einer großen Nation sein wird. Gott ruft sie beim Namen und sie nennt Gott *El Roi* – der Gott, der mich sieht.
- Auch Elia erhält seinen nächsten Auftrag und die Gewissheit, dass Gott weitere Nachfolger für ihn hat. Elia ist nicht auf sich allein gestellt.
- Jesus beginnt nach seiner Wüstenzeit seinen Dienst – voller Macht, Zeichen und Wunder –, nachdem er dem Teufel *nicht* gedient hat.

Die Wüste oder auch die Wartehalle sind Orte der Vorbereitung für jeden von uns. Wenn auch für jeden anders. Mögen wir den Mut haben, diesen Raum auszuhalten, bis Gott sich uns zeigt.

Privat leiden und öffentlich leiten – Pastor Jörg Ahlbrecht über eine große Wüstenzeit seines Lebens und darüber, wie entscheidend persönliche Glaubenserfahrungen im Privaten für geistliche Leitende sind

Jörg Ahlbrecht hat erlebt, dass eine persönliche Lebenskrise starken Einfluss auf seine Identität und sein Standing als geistlicher Leiter genommen hat. Wir erleben Gott eben nicht schwerpunktmäßig auf den großen Leiterschaftsbühnen, sondern im Verborgenen, im Privaten. Dort zeigt sich, ob das, was wir predigen, auch wirklich für uns erlebbar wird – ganz still, alltäglich, tief. Dort brauchen wir als Leitende im Reich Gottes die Substanz, den Vertrauensraum, die Zeugnisse, die uns andere authentisch prägen lassen. Aber was, wenn diese Erfahrungen ausbleiben? Schauen wir uns die Wüstenerfahrung von Jörg Ahlbrecht an.

Es war der erste richtig existenzielle Crash meines Lebens! Eine Überforderung, die mich verwundet, verwirrt und zutiefst erschüttert zurückließ. Auch wenn heute, viele Jahre später, die Wunde verheilt ist – die Narbe in meiner Seele spüre ich noch immer.

Meine Frau und ich waren schon einige Jahre verheiratet. Das Theologiestudium war abgeschlossen, wir hatten beide schon eine Zeit gearbeitet – und dachten, jetzt sind wir bereit für Kinder. Dass wir einmal Familie sein wollten, stand nie infrage. Zwei Kinder, so waren sowohl meine Frau als auch ich groß geworden und das schien uns für unsere zukünftige Familie auch eine gute Zielvorgabe zu sein. Also bereiteten wir uns auf ein Kind vor. Aber es geschah erst mal – nichts. Monat für Monat kam die Bestätigung, dass unsere Familienplanung bisher noch keinen Erfolg verbuchen konnte. Die ersten Monate erschien uns das normal. Aber je länger sich die Zeit hinzog, desto mehr begann der Zweifel zu nagen und die Ratlosigkeit anzusteigen. Natürlich wussten wir, dass es nicht sofort klappen musste. Aber als das erste Jahr vorüber war, begann sich doch langsam Unsicherheit breitzumachen. Würden wir überhaupt Eltern werden? Vielleicht konnten wir keine Kinder bekommen? Was lief hier schief? Zeitgleich flatterten immer wieder Geburtsanzeigen von Freunden und Studienkollegen ins Haus, die fröhlich »Vollzug meldeten«.

Mein Job in der Gemeinde forderte mich sehr. Als junger Pastor in einer großen Gemeinde gab es viele Sitzungen, Konflikte und Herausforderungen – und viele Menschen, vor allem junge Familien. Kleine Kinder, wohin ich auch sah. Nur wir selbst hatten bisher keine. Meine Frau arbeitete in der Betreuung von jungen Familien, und weil sie diese auch häufiger mit dem Auto mitnehmen musste, hatte sie zwei Kindersitze auf der Rückbank. Was manchen in der Gemeinde dazu verleitete, einen gut gemeinten, aber wenig hilfreichen Kommentar abzuliefern (»Na, wann ist es denn bei euch so weit?«). Zusätzlich zu den Kindersitzen steckte eine Rolf-Zuckowski-Kassette in der Musikanlage. »Ich schaff das schon, ich schaff das schon«, sangen Rolf und seine Freunde, wenn ich mal mit dem Auto meiner Frau unterwegs war. Aber je mehr Zeit ins Land ging, desto mehr kamen mir Zweifel, ob wir das wirklich schafften. »Gott, ich habe dir mein Leben gegeben. Ich bin in den hauptamtlichen Dienst gegangen – für dich. Du wirst uns doch jetzt nicht hier im Stich lassen!?«

So ging die Zeit ins Land. Bis sich schließlich in einem herrlichen Sommerurlaub in Südfrankreich endlich der ersehnte lila Streifen auf dem weißen Teststreifen zeigte: Wir waren schwanger! Die Freude war unbeschreiblich. Aber – sie wehrte nicht lange. Schon nach wenigen Wochen zeigten Untersuchungen, dass etwas nicht stimmte. Und wir verloren dieses Kind. Meine Frau und ich trauerten und weinten gemeinsam.

Es verging ein weiteres Jahr mit Warten und Hoffen, bis wir dann endlich wieder den verheißungsvollen lila Streifen sahen. Schwanger. Aber jetzt war die Freude verhaltener. Würde es diesmal gut gehen? Die Antwort lautete: nein. Auch das Kind verloren wir. Und irgendwie war das zu viel für meine Seele. Es war, als fiele in meinem Inneren eine Tür ins Schloss, die den Schmerz in einem Winkel meiner Seele wegsperrte. Ich fühlte nichts mehr. Ich war wie taub. Ich funktionierte weiter als Pastor, kam meinen Verpflichtungen nach, predigte, leitete, begleitete Menschen. Aber ich kam mir vor wie ein Zombie. Ich war nicht in der Lage, mit meiner Frau zu trauern – und verschlimmerte damit ihre Situation, denn nun fühlte sie sich in alldem auch noch alleingelassen. Ich empfand keinen Schmerz, ich empfand gar nichts, außer Wut. Wut auf Gott. Ich habe in dieser Zeit viel mit geballter Faust gebetet. Heimlich, denn als Pastor zeigt man seine Kämpfe nicht in der Öffentlichkeit. Ich musste ja weiterfunktionieren. Ich hatte einen Job zu erledigen, aber innerlich war ich leer. Verwundet, verwirrt und ratlos. Ich wusste nicht mehr weiter.

Mein Gottesbild geriet ins Wanken. War Gott wirklich gut? Warum mussten wir dann durch einen solchen Schmerz hindurch? Gab es für mein Leben wirklich einen guten Plan, dem ich mich anvertrauen konnte? Dieser Schmerz ließ sich nicht einfach wegbeten. Er schien zu stark zu sein, um ihn auszuhalten. Warum wurde uns der Wunsch nach Kindern versagt, während andere Menschen manchmal sogar ungewollt schwanger wurden? Wir waren doch bereit für Kinder. Wir würden ihnen ein gutes Zuhause bieten. Warum durften wir erst die Hoffnung und Freude erleben, um sie dann wieder zu verlieren? Das machte es ja nur noch schlimmer! Wie kann ich als Pastor den Menschen Mut zusprechen, Hoffnung vermitteln, dass Gott uns einen guten Weg führt, wenn ich selbst diesen Weg nicht mehr sehen kann? Wie kann ich Menschen zu diesem Gott fröhlich und ehrlich einladen, wenn ich mich selbst irgendwie um das Leben betrogen fühle?

Jörg wusste nicht mehr weiter. Als Mensch und als geistlicher Leiter. Auf seinem Weg befand sich keine Kreuzung mehr, um sich entscheiden zu können, welche Richtung er einschlagen könnte. Er befand sich in einer Sackgasse. Er konnte weder zurück noch nach vorne gehen. Und er merkte: Was er im Privaten mit Gott erlebt – oder eigentlich gerade *nicht* erlebt –, das beeinflusst seine Leiterschaft, seine Berufung, die Art, wie er Menschen führt. Wie kommt Jörg aus seinem liminalen Raum wieder heraus?

Was hättest du an Jörgs Stelle gemacht? Welche Abkürzung hättest du versucht zu nehmen?

Jeder von uns steht im Laufe des Lebens vor Situationen, wo es scheinbar nicht weitergeht. Solche Situationen nicht nur auszuhalten, sondern zu meistern, kann uns alles kosten. Und in Jörgs Fall wird deutlich, dass wir als Menschen immer ganzheitlich sind. Gibt es Schmerzen in einem Lebensbereich, sind zwangsläufig die anderen auch davon betroffen. Gott sei Dank ist diese Geschichte noch nicht zu Ende. Aber lies selbst, wie Gott überraschend (nur für uns) eingriff.

Genau an diesem Punkt war es dann Gott, der mich in meinem Schmerz berührte. Es passierte auf dem ersten Willow-Creek-Kongress 1996 in Hamburg. Ich war zusammen mit einem Freund hingefahren, um etwas über Gemeindeaufbau zu lernen – und wurde von einem Theaterstück völlig überrumpelt. Es zeigte die Situation eines kinderlosen Paares, das sich zur Adoption entschlossen hatte.

Als die echte Mutter sich aber im letzten Moment doch entschied, das Kind zu behalten, brach die junge Frau ohne Kinder völlig zusammen. Allen Schmerz ließ sie auf der Bühne heraus. All ihre Fragen, all ihre Not. Ich saß da im Dunkel der Halle und weinte wie ein Kind, denn diese Fragen waren meine Fragen, es war mein Schmerz, es war meine Not, die dort auf der Bühne zum Thema wurde. Gott hatte durch das Theaterstück die Tür in meiner Seele ein wenig geöffnet und der Schmerz kam heraus. Aber er zerstörte mich nicht, wie ich befürchtet hatte. Er tat höllisch weh, aber danach entstand ein Moment der Ruhe. Und in diese Ruhe hinein begann Gott zu reden. »Jörg, du siehst momentan nur auf die Frage, ob ihr Kinder haben werdet oder nicht. Du bist auf diesen kleinen Abschnitt deines Lebens fixiert. Aber schau mal – dein Leben hat einen viel größeren Zusammenhang.« Und dann war es, als würde ein Zoom den Blick auf mein Leben plötzlich weiten. Und mit einem Mal wurde mir klar, dass ich ein erfülltes Leben haben kann, unabhängig davon, ob wir Kinder haben werden oder nicht.

Der Kongress damals in Hamburg wurde für mich zu einer Lebenswende. Mein Dienst in der Gemeinde veränderte sich, mein Bild von Kirche, meine Art zu predigen, einfach alles. Ich empfand mehr Tiefe bei dem, was ich sagte, hatte weniger vorschnell fromme Antworten parat. Es hatte gedauert, aber ich hatte erlebt, dass Gott sich meinem Schmerz gestellt hat. Dass er sich meinen Fragen gestellt hat, aber auf ganz andere Weise, als ich dachte. Ich hatte mich von einem oberflächlichen Alles-wird-gut-Glauben verabschieden müssen. Weil Leben nicht so einfach ist. Es gibt nicht auf alles eine einfache Antwort. Auf diese Wahrheit war ich schmerzhaft geprallt. Aber das hatte nicht bedeutet, dass alles verloren war. Gott hatte mich erreicht – und meine Klage in einen Reigen verwandelt (Psalm 30,12). Zwei Jahre später wurde unsere Tochter Ronja geboren, und wieder drei Jahre später Hanna. Beide sind heute erwachsen und leben ihr Leben – und ich darf Papa sein und werde es bis zum Ende meines Lebens bleiben. Das ist mir ein unfassbares Geschenk. Aber die Erfahrung, dass Gott mich dort gefunden

> »ICH MUSSTE MICH VON EINEM ALLES-WIRD-GUT-GLAUBEN VERABSCHIEDEN, WEIL LEBEN NICHT SO EINFACH IST.«
> – JÖRG AHLBRECHT

hat, wo ich mit meinen Möglichkeiten am Ende war, ist mir ebenfalls kostbar. Meine Erfahrung ist, dass mir Schmerzen nicht erspart bleiben. Und manches davon tut höllisch weh. Aber ich habe erlebt, dass Gott mit mir durch den Schmerz hindurchgegangen ist. Dass er mir half, mit dem Schmerz umzugehen. Ihn anzuschauen, ihn auszuhalten und dahinter etwas zu entdecken, was ich nicht erwartet habe – eine neue Perspektive.

Ich lese diese Geschichte und bin zu Tränen gerührt. Gott zeigt sich immer wieder in seiner Treue uns Menschen gegenüber. Ihm geht es nicht in erster Linie um unsere Position als Leitende, sondern um uns als Personen. Um unsere persönlichen Bedürfnisse. Er ist mit uns nicht am Ende, auch wenn wir es denken oder so empfinden. Er findet uns genau dort, wo unsere Möglichkeiten am Ende sind, so wie Jörg es schreibt. Natürlich hätte es auch bedeuten können, dass Jörg und seine Frau nie Kinder hätten haben können. Wir bekommen nicht all unsere Wünsche erfüllt – Gott ist schließlich kein Glücksautomat. Aber wie wundervoll ist es, dass Gott handeln kann und es hier auch tut. Jörg konnte aus diesem liminalen Raum heraustreten, nachdem Gott ihm begegnet war. Ebenso zeigt diese Story, dass wir ein privates und öffentliches Leben als Leitende nicht voneinander trennen können. Im Gesamtpaket möchte Gott uns lieben, tragen und auch ertragen.

Ich wünsche dir, der oder die du vielleicht gerade im liminalen Raum bist, im Kokon, in der Sackgasse, dass du so lange darin verharren kannst, bis Gott dir begegnet. Vielleicht anders, als du es denkst oder planst.

Gemeinsam im liminalen Raum

Ich möchte dir ebenso Mut machen, nicht allein in diesem liminalen Raum zu bleiben. Suche dir Weggefährten. Du musst diesen Weg nicht allein gehen. Dein Glaube ist vielleicht wie bei Jörg Ahlbrecht verwundet. Deine Seele hat Narben davongetragen. Deine Leitungserfahrungen haben dir vielleicht auch offene Verletzungen eingebracht, aber es muss nicht das Ende sein. Deine Beziehung zu Gott entwickelt sich besonders auch in solchen harten und vielleicht auch schwer auszuhaltenden Zeiten. Diese Zeiten sind keine Verschwendung. Sie helfen uns, Gott ähnlicher zu werden. Barmherziger mit uns selbst zu sein. Barmherziger mit anderen. Wir, die wir verwundet sind, können andere in ihren Wunden berühren und gemeinsam immer wieder neu Heilung erfahren.

Der Soziologe und Pfarrer Tomas Halik schreibt über den verwundeten Glauben:

> Ja, nur der verwundete Glaube, an dem die »Narben der Nägel« ersichtlich sind, ist glaubwürdig, nur er kann heilen. Ich befürchte, dass ein Glaube, der nicht die Nacht des Kreuzes durchschritten hat und nicht ins Herz getroffen wurde, nicht diese Macht hat. Ein Glaube, der nie blind wurde, der die Dunkelheit nicht erlebte, kann kaum denen helfen, die nicht sahen und die nicht sehen.[40]

Durch solche Zeiten zu gehen, gehört zum Leben und zur Leiterschaft dazu. Wir sind ganzheitliche Wesen. Position und Person kann man nicht voneinander trennen. Unsere Identität ist nicht unsere Leiterschaftsrolle, aber was privat schmerzt, hat einen großen Einfluss auf unseren Dienst. Nur da, wo wir ehrlich mit Gott sind, können wir auch ehrlich mit anderen sein. Wo mein Glaube die Nacht des Kreuzes durchschritten hat, wird er auf einem festen Fundament stehen.

Ich kann dir die Wartehalle Gottes nicht ersparen. Aber ich möchte dich anfeuern, sie mit offenem Herzen zu betreten. Und ich bete, dass du sie nicht vorzeitig verlässt, nur um dem Warten ein Ende zu bereiten und dich vielleicht auf etwas zu stürzen, was gar nicht deiner Berufung entspricht.

Fragen zur Reflexion

- Welche Erfahrungen hast du mit Liminalität bisher gesammelt?
- Wo ist Gott dir in so einem Raum begegnet?
- Wo hast du zu schnell den liminalen Raum verlassen und kämpfst deshalb noch mit verschiedenen ungelösten Situationen?

Werde aktiv!

- Wenn du dich gerade in einem liminalen Raum befindest: Wie kannst du konkret in Gemeinschaft bleiben? Wer sind deine Herzensmenschen, die dich hier begleiten können?
- Wie kannst du anderen in ihrem liminalen Raum deine Unterstützung anbieten?

ES BRAUCHT KRISEN
IN UNSEREM LEBEN,
DAMIT VERMEHRT FRUCHT
WACHSEN KANN.

Kapitel 8

Warum Krisen dir helfen, Frucht zu bringen

»Wie der Baum, so die Frucht.«
Matthäus 12,33; HFA

»Was bleibt nach einer Krise?«, fragst du dich vielleicht. Rückblickend ist es sicherlich einfacher, manches zu verstehen, als wenn man sich in der Krise befindet und man das Gefühl hat, dass vieles in Brand gesetzt und nicht mehr löschbar ist. Gibt es dennoch am Ende ein positives Ergebnis? In Südafrika wächst eine faszinierende Blume, von der ich erstmalig auf einer Konferenz 2019 hörte. Seitdem muss ich an diese Blume denken, wenn ich mich mit der Frage beschäftige, was nach einer Krise bleibt.

Stell dir vor: Ein Waldbrand wütet in Südafrika und eine große Fläche verbrennt. Übrig bleiben verdorrte Bäume, verbrannte Erde und Asche. Genau nach so einer Katastrophe passiert etwas Unwirkliches: Eine Blume gräbt sich ihren Weg durch die verbrannte Erde und fängt nach einigen Tagen an zu blühen. Sie heißt Feuerlilie und hat rote, trompetenhaft aussehende Blüten. Zu keiner anderen Zeit als nach einem Brand wächst diese Blume heran und leuchtet allem zum Trotz. Verrückt, oder? Es brauchte diesen Brand, um ihre einzigartige Schönheit zu erleben.

Es braucht Krisen in unserem Leben, damit vermehrt Frucht wachsen kann. Auch wenn wir uns selbst die Krisen nie aussuchen würden, entsteht einiges in unserem Leben nur, wenn es zuvor »durch ein Feuer« gegangen ist. All die Interviews und Geschichten in diesem Buch weisen darauf hin, dass so manches Wachstum erst durch Schwierigkeiten entsteht. Durch Krisen, Herausforderungen, Verlust und Hürden arbeitet Gott in der Tiefe an uns. Oder anders gesagt: Gott wirkt durch unser Versagen und Scheitern hindurch. Jesus verwendet ein Bild dafür, dass durch Schmerzen hindurch Früchte wachsen. Er vergleicht es mit der Beschneidung einer Rebe (Johannes 15).

Zu den Füßen eines Weinbergs

Während einer meiner Teameinsätze im Sommer 2017 in Rumänien lasen wir gemeinsam das 15. Kapitel im Johannesevangelium und saßen dabei in dem kleinen Weinberg einer dort wohnenden Witwe, der Schwester Maria.

> Jesus sagt zu seinen Jüngern: »Ich bin der wahre Weinstock und mein Vater der Weingärtner. Eine jede Rebe an mir, die keine Frucht bringt, nimmt er weg; und eine jede, die Frucht bringt, reinigt er, dass sie mehr Frucht bringe. Ihr seid schon rein um des Wortes willen, das ich zu euch geredet habe. Bleibt in mir und ich in euch. Wie die Rebe keine Frucht bringen kann aus sich selbst, wenn sie nicht am Weinstock bleibt, so auch ihr nicht, wenn ihr nicht an mir bleibt. Ich bin der Weinstock, ihr seid die Reben. Wer in mir bleibt und ich in ihm, der bringt viel

> Frucht; denn ohne mich könnt ihr nichts tun. Wer nicht in mir bleibt, der wird weggeworfen wie eine Rebe und verdorrt, und man sammelt die Reben und wirft sie ins Feuer, und sie verbrennen. Wenn ihr in mir bleibt und meine Worte in euch bleiben, werdet ihr bitten, was ihr wollt, und es wird euch widerfahren. Darin wird mein Vater verherrlicht, dass ihr viel Frucht bringt und werdet meine Jünger.«
> *Johannes 15,1-8; LUT*

Während wir fast spürbar dem Wachstum der Reben zugucken konnten, lasen wir gemeinsam, tauschten uns über den Text aus und lernten an diesem Nachmittag etliches über diese Frucht und was sie benötigt, um gut zu wachsen. Gute Frucht wächst nicht automatisch, weil sie gerade Freude daran hat. Nein, das Umfeld muss stimmen.

Schwester Maria erzählte uns, dass man bis zu drei Jahre warten muss, bevor die Rebe überhaupt Frucht tragen kann. Der Weinstock wächst nur langsam. Sobald sich Zweige entwickeln, die vermutlich Frucht tragen werden, müssen sie ab dem dritten Blatt abgeschnitten werden, um Wildwuchs zu vermeiden. Sollte der Weinstock nicht beschnitten werden, kann er zusammen mit den Reben absterben, da sich sonst der Pflanzensaft nicht konzentriert und sich nicht auf die vorhandenen Reben verteilen kann. Sobald die Reben erste Früchte tragen, werden weitere Blätter entfernt, damit sich der Wachstumsprozess ganz auf die Frucht konzentrieren kann. Die Beschneidung erfolgt so lange, bis man die Frucht ernten kann.

GUTE FRUCHT WÄCHST NICHT AUTOMATISCH. DAS UMFELD MUSS STIMMEN.

Einmal im Jahr wird der Weinstock besonders gedüngt, um den Wurzeln individuelle Nahrung zuzuführen. Für den Weinstock sind Temperaturschwankungen (zu kalt/zu heiß) oder auch Krankheiten, die die Pflanze befallen, und Käfer, die die Wurzeln beschädigen, eine große Gefahr. Um reiche Frucht ernten zu können, benötigt der Weinstock gerade in der Wachstumszeit viel Fürsorge. Im Winter muss darauf geachtet werden, dass die Pflanze nicht erfriert.

Nachdem wir traubenessend Schwester Maria zugehört hatten, lasen wir nochmals das Gleichnis vom Weinstock, aber hörten es jetzt mit anderen Ohren. Jesus fordert uns auf, *durch ihn* Frucht zu bringen. Viel Frucht. Indem wir mit ihm zusammenwachsen und arbeiten. Nicht um unserer selbst willen, sondern für Gott und sein Reich. Diese Frucht wächst nicht aus uns selbst heraus, sondern nur, indem wir täglich an Jesus angedockt bleiben. Das geschieht, indem wir intensiv in seinem Wort lesen und das Wort aufnehmen mit einem fruchtbaren Herzensboden. Indem wir mit ihm täglich in einen Dialog treten und uns als Leitende von ihm führen lassen. Und dieses »In-Jesus-Sein« muss immer wieder eingeübt werden. Jesus sehnt sich danach, dass er sich fest in unserem Leben verankert und dadurch viel Frucht bringt. Wie viel Frucht es dann ist, ist weniger entscheidend; viel wichtiger ist es, in Jesus zu bleiben und mit ihm unterwegs zu sein. Als Freunde! Denn ohne ihn können wir nichts tun. Wir probieren es zwar immer wieder, aus eigener Kraft Frucht zu bringen, aber wir scheitern.

Nur wenn wir Frucht bringen, werden wir auch beschnitten, um mehr Frucht zu bringen. Beschnitten werden wir durch unser Leben und durch Umstände, in denen Gott uns Dinge offenbart, wir uns neu fokussieren und so weiter. In diesem Zusammenhang verwendet Jesus noch ein weiteres Bild: Nur wenn das Weizenkorn in die Erde fällt und stirbt, bringt es viel Frucht (Johannes 12,24)! Er weist mit diesem Vergleich auf sein eigenes Leben hin. Schon zu Lebzeiten ließ Jesus viele Wunder und Heilungen geschehen. Sie sind ein Hinweis auf seine Gottessohnschaft, aber nicht auf seine Frucht. Damit sein Leben fruchtbar wurde, musste er sterben, wieder auferstehen und in den Himmel zurückkehren. Ohne diese Erfahrung hätte er nicht den Heiligen Geist auf diese Welt senden können. Die Frucht seines Lebens wird darin sichtbar, dass an allen Ecken und Enden dieser Welt seine Gute Nachricht in Wort und Tat gepredigt wird. Wir selbst sind die Frucht nach seinem Tode. Eine erste größere Ernte seiner Frucht geschah zu Pfingsten in Jerusalem, der Urgemeinde, als 3000 Juden sich für ein Leben mit Jesus entschieden, Buße taten und auf den Namen Jesu getauft wurden. Die Nachfolger Jesu sind seine Frucht.

Was könnte Frucht in deinem Leben bedeuten?

Paulus lehrt im Galaterbrief die Gemeinde über die Frucht des Heiligen Geistes. Er schreibt hier im Kontrast zur menschlichen Natur: »Der Geist dagegen bringt als Ertrag: Liebe, Freude und Frieden, Geduld, Güte und Großzügigkeit, Treue, Freundlichkeit und Selbstbeherrschung« (Galater 5,22-23; BB). Paulus listet viele verschiedene Arten von Früchten auf, die entstehen, wenn wir in und mit Jesus leben. Diese Früchte bringen am ehesten Krisen hervor, ihre Wirksamkeit entfalten sie aber immer und in jeder Situation. Gerade wenn wir zum Beispiel den Frieden untereinander halten, dann schmecken wir die süße Frucht »Frieden«. Wenn ich mich bei den ehrenamtlichen Mitarbeitenden entschuldige, weil ich sie zu spät ins Boot genommen habe, ist das eine weitere Frucht. Wenn ich bereit bin, jemandem freundlich zu antworten, obwohl diese Person mich gerade angeschrien hat, wird eine andere Frucht offenbar. Dir fallen hier sicherlich verschiedene Früchte in deiner Leiterschaft ein.

Jesus ist uns den Weg vorausgegangen und wir sind dazu aufgerufen, ihm nachzufolgen. Das bedeutet für uns, dass es kein Leben gibt, das nicht zuvor durch den Tod gegangen ist. Es gibt keine echte Frucht, die bleibt, wenn sie nicht wie das Weizenkorn und Jesus selbst durch den Tod in die Auferstehung und das Leben gekommen ist. Und das geschieht nicht nur einmalig durch die Taufe, sondern wir müssen uns täglich neu dafür entscheiden. Früchte, die an uns als Rebe im übertragenen Sinn wachsen, sind zuerst zur Ehre Gottes gedacht und als Zweites dienen und nützen sie unseren Mitmenschen. Sie sind nie nur für den eigenen Genuss vorgesehen.

Praktische Früchte unseres Sommereinsatzes in Rumänien waren unter anderem eine neue Toilettenbrille für das Plumpsklo von Schwester Maria, Kindernachmittage unter Angehörigen der Roma und das Holzhacken für alte Menschen der Umgebung. Ganz praktisch, einfach und doch so bewegend für diese Community. Wir selbst als Team waren herausgefordert, diese Menschen zu lieben, die uns so fremd waren. Und auch, geduldig miteinander umzugehen, wenn Leute aus unseren Reihen Menschenfurcht hatten. Jesus wurde durch unsere Hände, Füße und Münder sichtbar und emotional erlebbar. Für uns selbst und für unser Umfeld.

FRÜCHTE, DIE AN UNS ALS REBE IM ÜBERTRAGENEN SINN WACHSEN, SIND ZUERST ZUR EHRE GOTTES GEDACHT.

Natürlich erleben wir im Prozess des Fruchtbringens, dass Dinge passieren, die wir nicht in der Hand haben, wo eigene Stärke verbraucht ist und Gott uns seinen Lebenssaft schenkt. Das Fruchtbringen ist ein Prozess, der unseren Charakter formt, alte Perspektiven und schlechte Gewohnheiten wegreißt und sie durch Gottes Wahrheit ersetzt. Es ist der Beginn einer neuen Welle an Einsichten, Kreativität und Effektivität. Aber nur, wenn wir die Lektionen lernen, die Gott für uns vorbereitet hat, und wenn wir wie die Reben an ihm bleiben, egal, was passiert und wie die Umstände in unserem Leben und in unserer Leiterschaft sind. Manchmal glauben wir fälschlicherweise, dass ein liebender Gott uns beschützt, indem er alle Not (auch in der Leitungsverantwortung) von uns abhält. Gott soll doch bitte wie ein Flaschengeist reagieren: Wir müssen nur an den richtigen Stellen drücken, richtig beten und glauben, dann gibt er uns alles, was wir möchten. Aber so handelt Gott nicht. Gottes Absicht ist nicht in erster Linie, uns gesund, froh, reich und sorgenfrei zu sehen, sondern er möchte, dass wir Jesus immer ähnlicher werden. Das schließt immer mit ein, im übertragenen Sinne zu sterben und *dann* viel Frucht zu bringen. Es könnte bedeuten, eine lieb gewonnene Position loszulassen und jemand anderem die Verantwortung zu übertragen. Vielleicht auch eine Einladung zum Bühnenauftritt abzusagen und jemand anderen dafür vorzuschlagen. Denn es geht um Gottes Reich und nicht um unser eigenes.

Manchmal schneidet der göttliche Gärtner alles außer die Beziehung zu Jesus in unserem Leben ab. Wenn das passiert, ist es nicht leicht, direkt Gottes liebevolle Hand darin zu erkennen. Zum Beispiel, wenn wir ins Krankenhaus müssen, wenn uns im Beruf gekündigt oder unsere leitende Position aufgehoben wird, wenn unser Geschäft zusammenbricht, Freunde uns ablehnen, ein Traum zerplatzt. Was immer es war oder ist, diese Wunden der göttlichen Beschneidung zwingen uns, die volle Aufmerksamkeit auf unsere Beziehung zu Gott zu lenken, denn er ist alles, was wir haben. Unsere Ehrfurcht vor Gott und seiner absoluten Autorität und Souveränität nimmt zu und unseren eigenen Willen ordnen wir darunter an.

Wann hast du das letzte Mal erlebt, dass der göttliche Gärtner etwas in deinem Lebensgarten beschnitten hat?

Dein und mein Auftrag ist es, Gott mit unserem Leben die Ehre zu geben. Deshalb ist das Fruchtbringen nicht einfach nur eine Option. Wir *werden* Frucht bringen. Was Gott sich vorgenommen hat, das tut er auch. Und so wie eine Rebe beschnitten werden muss, um mehr Frucht zu bringen, werden wir beschnitten. Wir dürfen dem göttlichen Gärtner vertrauen. Er weiß, was er tut! Er hat schon viele Tausend Jahre Menschen beschnitten. Immer und immer wieder habe ich in meinem Leben erlebt, wie Gott Segen durch Beschneidung geschenkt hat.

Mich bewegt, was Jesus seinen Jüngern in diesem Zusammenhang mit auf den Weg gegeben hat:

> Nicht ihr habt mich erwählt, ich habe euch erwählt. Ich habe euch dazu berufen, hinzugehen und Frucht zu tragen, die Bestand hat, damit der Vater euch gibt, um was immer ihr ihn in meinem Namen bittet.
> *Johannes 15,16*

Nachhaltige Frucht ist also eine Frucht, die bleibt. Wir werden ermutigt, das Wort Gottes nicht nur mit einer Zukunftsbrille zu lesen, sondern mit einer Gegenwartsbrille. Was tut Gott genau in diesem Augenblick für dich und mich? Welche Frucht entdeckt Jesus zurzeit in deinem Leben? Paulus ermutigt die Christen in Philippi, dass Frucht kommen wird:

> Ich bin ganz sicher, dass Gott, der sein gutes Werk in euch angefangen hat, damit weitermachen und es vollenden wird bis zu dem Tag, an dem Christus Jesus wiederkommt.
> *Philipper 1,6*

Die Frucht sieht bei jedem von uns anders aus, denn auch unsere Beziehung mit Jesus ist bei uns allen sehr verschieden. Was immer Frucht in unserem Leben bedeutet, es benötigt von uns dazu unsere Entscheidung und unser Vertrauen in einen liebenden Gott als Vater.

Gehorsam befreit

In meinem Leben gibt es unterschiedliche Feuerlilien, die durch meine Nöte hindurch gewachsen sind. Eine davon ist der Gehorsam Gott gegenüber.

Ein Jahr nach meinem Ausscheiden erfuhr ich, dass das Projekt, das ich viele Jahre mit aufgebaut und geleitet hatte, hohe Schulden eingebracht hatte und beendet werden musste. Mein erster Impuls war: »Das geschieht ihnen ganz recht!« Doch diese Genugtuung dauerte nur ein paar Sekunden. Das Projekt, was ich so liebte, sollte doch nicht sterben! Zwei Wochen später sprach Gott zu meinem Herzen: »Evi, spende du etwas und leiste deinen Beitrag, die Schulden zu verringern!«

Ich befand mich finanziell gerade in einer äußerst ungünstigen Situation – mein Auto stand wegen eines dummen Fehlers von mir in der Werkstatt. Zusätzlich hatte ich meinen Computer gecrasht und kompletten Datenverlust verursacht. Ich würde also eigene Schulden machen, um für dieses nun gescheiterte Projekt zu spenden. Für die Schulden anderer! Wie habe ich um diese Entscheidung gerungen. In meinem Herzen fand ein riesiger Kampf statt. Immer wieder fragte ich mich: Was möchte Gott von mir? Was will ich als Leiterin vorleben?

GOTT HAT MICH VERSORGT – EINE FRUCHT MEINES GEHORSAMS UND EIN KOSTBARER LIEBESBEWEIS GOTTES!

Statt mich in meinem eigenen Selbstmitleid zu suhlen, entschied ich mich, Gott gehorsam zu sein. Noch in der Silvesternacht überwies ich Geld, das ich nicht hatte. Ich hatte Frieden darüber, dass ich Gottes Aufforderung umsetzte. Sofort fiel eine große Last von meinen Schultern und ich startete innerlich befreit in das neue Jahr. Ich würde nicht Gleiches mit Gleichem vergelten. Danach erlebte ich auf unglaubliche Weise, dass Gott sich nicht

»lumpen« lässt, wenn wir etwas für ihn opfern. Die Rechnung für meine Datenrettung übernahm der Datenretter selbst. Gott hatte ihn dazu herausgefordert, mir dieses Geschenk zu machen. Diese Summe war doppelt so hoch als die, die ich gespendet hatte. Ich konnte es kaum fassen und mir liefen erst einmal die Tränen übers Gesicht. Krass, Gott hat mich ganz persönlich versorgt. Es war eine Frucht meines Gehorsams und ein kostbarer Liebesbeweis Gottes: Er sieht mich.

Von Erfolgen, Früchten und Erfolglosigkeiten

Der Mystiker und Priester Henri J. M. Nouwen weist auf einen wertvollen Unterschied zwischen Erfolg und Frucht hin:

> Zwischen Erfolgreich-Sein und Fruchtbar-Sein besteht ein großer Unterschied. Erfolg kommt von Stärke, von Machtausübung und Ansehen. Ein erfolgreicher Mensch besitzt die Energie, etwas zu schaffen, seine Entwicklung zu beeinflussen und es in großen Mengen verfügbar zu machen. Erfolg bringt Preise, Auszeichnungen und oft Berühmtheit ein. Früchte hingegen erwachsen in der Schwachheit und der Verwundbarkeit. Es sind einzigartige Früchte. Gemeinschaft ist die aus geteilter gemeinsamer Gebrochenheit erwachsene Frucht. Und Nähe ist die Frucht, die im gegenseitigen Berühren der eigenen Wunden reift.[41]

Und dieses gegenseitige Berühren der Wunden ist eine Frucht, die mir als Wert kostbar geworden ist. Ich gehe befreiter und offener mit meinen eigenen Verwundungen um, in der Hoffnung, damit auch anderen Hoffnung zu schenken. Deborah Rosenkranz, Sängerin und Autorin, beschreibt es in ihren Social-Media-Posts gerne mit »Entdecke das Wunder in deiner Wunde«. Genau das ist es. Wir berühren die Wunden und entdecken dabei Wunder.

Aber was tun, wenn sich die vermeintliche Frucht nicht einstellt und man sich als erfolglos erlebt oder so gesehen wird? Dafür ist es entscheidend, wie man für sich selbst Erfolg oder auch die Frucht definiert. Erfolg hat in unseren christlichen Kreisen oft etwas mit Zahlen zu tun, mit Wachstum und Expansion. Ob es aber auch Frucht bringt? Ich kann zehn neue Gottesdienstbesucher haben, aber wenn keine Liebe vorhanden ist und Menschen nicht um ihrer selbst willen in der Gemeinde geliebt werden, zählt das Wachstum vielleicht als Erfolg, aber nicht als Frucht, wenn wir hier Nouwen ernst nehmen.

Ich wünsche mir, dass wir als Leitende weniger nach äußerlichem Erfolg streben und andere damit weniger nach Erfolgssparten einteilen: »Du bist wichtig, weil du viele Menschen in deiner Kirche hast.« Oder: »Ich achte dich, denn dir folgen 10 000 Menschen in den sozialen Medien.« Sondern dass wir alle Leitenden gleich behandeln. Es wird Zeiten in unserer Leitung gehen, da scheitern wir an uns selbst und anderen. Da erleben wir Stagnation oder auch Rückgang. Da fühlt sich alles schwer an und Ohnmacht stellt sich ein. Die eigenen Leute streiten mal wieder über die Farbe des Teppichs, statt gemeinsam Gott zu suchen oder eine evangelistische Stadtaktion vorzubereiten. An manchen Gemeindestrukturen gehen Leitende zugrunde und Vorgesetzte haben unerreichbare Wünsche. In solchen Situationen sind wir aufgefordert, innezuhalten, Abstand zu der Situation zu erhalten und wenn möglich mithilfe von anderen neue Perspektiven einzunehmen. Und ja, manchmal heißt es auch, aus Situationen herauszutreten und neu durchzustarten.

Schmerzen sind Teil des Lebens – Patrick Reagan über Schmerzen, Erfolge und Misserfolge als Leitender

Patrick Reagan ist der Geschäftsführer und Mitbegründer von Kintsugi Hope. Diese Organisation wurde ins Leben gerufen, nachdem Patrick und seine Familie mit vielen persönlichen Herausforderungen und Krankheiten zu kämpfen hatten. Davor hatte Patrick 22 Jahre lang die Jugendarbeit XLP in England geleitet, die er 1996 gegründet hatte. Für seine Arbeit wurde er mehrfach ausgezeichnet. Außerdem ist er Autor von sechs Büchern. Sein neuestes Buch heißt Bouncing Forward (dt. »Nach vorne fallen«).

Patrick, während du eine sehr erfolgreiche Jugendarbeit aufgebaut hast, bist du zeitgleich durch eine schwere Zeit als Leiter und Familienvater gegangen. Du hast die Jugendarbeit abgegeben und dann in der Folge eine neue Organisation, Kintsugi Hope, gegründet. Was hast du in dieser Zeit gelernt?

Ich denke, Schmerz ist Teil des Lebens. Diese Erfahrung ist unumgänglich. Wenn du liebst, wirst du immer Schmerzen erleiden. Und wenn du liebst, machst du dich verletzlich. Du zeigst Mut und Demut. Für mich kam in meinem Leben einfach alles geballt zusammen. Ich versuchte, alle Dinge zusammenzuhalten, und alles ging schief. Ich glaube, dass wir als Leitende manchmal mitschuldig sind an der Kultur, die wir aufbauen. Besonders, wenn du für eine Kirche arbeitest. Wir arbeiten oft bis zur Erschöpfung und können schwer Pausen einlegen.

Ich sage meinen Leuten immer, dass Leiten vergleichbar damit ist, ein Mobiltelefon aufzuladen. Ich warte ungeduldig, bis nur zehn Prozent erreicht sind, und dann marschiere ich wieder los. Aber es hält auch nur diese zehn Prozent. Das ist nicht sehr lange! Selbst wenn hundert Prozent aufgeladen sind, hält es nicht ewig. Ich habe das Gefühl, dass wir Leitende uns im Vergleich wenig aufladen, dann machen wir volle Pulle weiter, erleben einen kleinen Burn-out, schieben eine kleine Pause ein und fahren irgendwann damit gegen die Wand. Ich glaube, die meisten Leitenden sind sehr gut darin, die Zeichen dafür zu erkennen, dass

der Akku zur Neige geht, aber sie laden dennoch immer zu wenig auf. Wir leben oft in einem sehr ungesunden Rhythmus.
Und das kreiert viele Sorgen und Stress. Ich hatte eine schwierige Bein-OP, meine Kinder wurden geboren, mein Vater bekam Krebs und alles fand zur gleichen Zeit statt. Wenn du durch solche Leiden hindurchgehst, dann fordert es deine Werte heraus. Es hilft dir, herauszufinden, was wirklich wichtig ist und zählt. Es geht nicht mehr darum, was du alles tust, sondern wie du bist und warum du so bist. Das ist ein gesunder Punkt, an den wir immer wieder als Leitende hinkommen müssen. Das hat vielleicht auch Covid-19 mit uns gemacht. Heute schätze ich meine Familie, Gesundheit und Gemeinschaft viel mehr als vorher.

Was bedeutet für dich Erfolg oder auch Misserfolg?
In meinem neuen Buch habe ich ein Kapitel über Erfolg geschrieben. Welche Matrix benutzt du, um Erfolg zu messen? Wenn es um das Endprodukt geht, dann wirst du immer von Zahlen reden. Geht es aber darum, wie Menschen sich durch deinen Dienst verändern, wird es anders gemessen. Und es sieht vielleicht in den Augen anderer nicht so erfolgreich aus. Hier geht es dann um Charakter.
In meiner Arbeit bei *XLP* habe ich viele Sachen im Umgang mit Kindern und Jugendlichen gesehen, die mein Herz gebrochen haben. Und dann schaut man die Arbeit von außen an und deklariert sie als erfolgreich, während man sich selbst komplett anders fühlt. Ich bin oft zu bedürfnisorientiert. Ich sehe die Not und will handeln. Dann werde ich wie so ein Schwamm, der allen Schmerz der Welt aufsaugt. Die Frage ist dann: Wie bleibt mein Herz dabei noch weich und barmherzig? Ich habe mich in meiner Arbeit oft schuldig gefühlt. Im Gegensatz zu anderen Familien wurde mein Kind nicht erstochen und meine Kinder wurden nicht auf dem Schulweg angegriffen. Dann fängst du an, Schmerzen zu vergleichen. Welcher Schmerz toppt jetzt den anderen?
Als Reaktion können wir den Schmerz in uns vergraben, und wenn mehr und mehr dazukommt, verändert er sich in Wut. Wut ist für mich ein unterdrückter Schmerz.

Ich glaube, wir brauchen mehr Leitende, die zeigen, wie es in ihnen ausschaut. Die weniger eine Show in der Kirche abgeben, als sich transparent zu machen und zu zeigen, wie sie mit Umständen umgehen. Es ist doch ein viel größeres Wunder, wenn Menschen durch Schmerzen hindurchgegangen sind und immer noch Gott vertrauen.

Wie kam es dazu, dass du deine eigene Organisation verlassen hast, obwohl es so erfolgreich lief?

Nachdem *XLP* einundzwanzig Jahre alt wurde, hatte ich den Eindruck, dass Gott zu mir sagte, es sei Zeit, diese Arbeit abzugeben. Ich dachte aber: »Hey, ich bin doch der Gründer.« Alle anderen, mit denen ich sprach, ermutigten mich: »Ein Gründer bleibt bei seinem Werk.«

»VERGRABENER SCHMERZ WIRD IN UNS ZU WUT. WUT IST FÜR MICH UNTERDRÜCKTER SCHMERZ.«
– PATRICK REAGAN

Wir waren auf fünfundsiebzig Mitarbeitende angewachsen. Eine TV-Show entstand gerade und wir hatten soeben Besuch des englischen Prinzen und seiner Ehefrau gehabt. Es florierte. Aber ich hatte den Eindruck, ich sollte aufbrechen. Mit vier Kindern und abzuzahlenden Schulden für unser Haus war das aber nicht so einfach. Es ergab eigentlich überhaupt keinen Sinn zu gehen, doch zusammen mit meiner Frau entschied ich mich für diesen Weg – ins Nichts.

Als Ehepaar gründeten wir *Kintsugi Hope* mit wenig Geld. Gott forderte uns heraus, auf dem Wasser zu laufen und uns für Christen und Nichtgläubige einzusetzen, damit sie einen Rahmen bekommen, in dem sie mit all ihren Kämpfen und Herausforderungen echt sein können.

Jetzt schaue ich auf die ersten drei Jahre zurück und bin so krass dankbar. Wir arbeiten jetzt mit 228 Kirchen zusammen, wir haben fast 1000 *Kintsugi-Hope*-Gruppen in Großbritannien und über 750 Leitende, die wir geschult haben. Und diese Gruppen finden überall statt, ob im Gefängnis, in Schulen oder Sportvereinen. Unsere Arbeit ist jetzt viel beziehungsorientierter als früher. Und ich glaube, dass wir mit dieser neuen Arbeit sogar noch mehr Menschen erreichen können.

Was brauchen Leitende deiner Meinung nach in diesen Zeiten?

Resilienz. Damit meine ich nicht, dass alles dann so wird wie früher. Nach dem Motto: »Wir müssen nur durchhalten und dann wird es schon.« Für mich bedeutet Resilienz, dass wir nach vorne ausgerichtet sind. Mir fiel auf, dass ich selbst mein stärkster Kritiker bin. Ich musste lernen, mit mir selbst barmherzig zu sein. Oftmals denken wir als Leiter: »Ach, wenn ich mich nur zusammenreiße, dann klappt es schon. Jeder verlässt sich ja auf mich.« Dann wird es nur eine Performance. Dann wird deine Predigt gevotet wie bei *X-Factor*. Dadurch geben wir unfaire Erwartungen an die nächste Generation von Leitenden weiter.

Christliche Leitende sind oft wirklich schlecht darin, Hilfe anzunehmen. Ich erinnere mich daran, wie unser viertes Kind, Caleb, geboren wurde. Während alle drei Kinder auf normalem Weg geboren wurden, war es bei Caleb anders. Bei der Geburt hatte meine Frau extreme Blutungen und lag plötzlich im Sterben. Ich erinnere mich, wie ich zu Gott sagte: »Das war's! Ich habe die Schnauze voll! Ich kann nicht mehr!« Gegenüber vom Krankenhaus lag das Hauptquartier der Heilsarmee. Alles war dunkel draußen, nur das Kreuz auf dem Dach leuchtete. Und ich hatte den Eindruck, dass Gott zu mir sagte: »Weißt du, mein Schweigen bedeutet nicht meine Abwesenheit. Warum sollte ich dich in deiner größten Not alleinlassen? Warum sollte ich meinen Sohn für dich sterben und dich dann in deiner größten Not alleinlassen?« Und so glaube ich, dass Gott mitten im Leid dabei ist. Er verspricht uns keine Hinweisschilder im Tal des Todes, sondern er sagt: »Ich gehe mit dir hindurch.«

Wenn ich mir Paulus anschaue, dann wird mir so bewusst, was dieser Leiter an Schrecklichem erlebt hat. Er schien kein besonders erfolgreicher Leiter zu sein mit seinen Schiffbrüchen, Auspeitschungen und so weiter. Doch Reife bedeutet, dennoch Gott zu loben. Egal, was dir gerade passiert. Ob du im Gefängnis wie Paulus bist oder zu Hause im Chaos.

Ich glaube, uns fehlt hier die Jüngerschaft, das gemeinsame regelmäßige Lernen. Darin sind wir nicht besonders gut. Unsere Theologie ist sehr gefühlsbasiert. Es geht immer um Erfahrungen. Emotionen sind wichtig, keine Frage, aber wir sollten nicht ständig wie ein Jo-Jo reagieren: auf und ab und auf und ab!

Fragen zur Reflexion

- Welche Feuerlilien sind in deinem Leben durch Schmerzen hindurch entstanden?
- Wo behinderst du gerade das Wachstum deiner Frucht?
- Wo erlebst du zurzeit göttliche Beschneidung?

Werde aktiv!

- Mache dir Gedanken, wie du persönlich Erfolg und Frucht definierst.
- Wer sind deine Vorbilder in Leiterschaft und welche Früchte haben sie getragen oder tragen sie noch? Schreib es dir auf und komme mit Gott darüber ins Gespräch. Wie kann diese Frucht verstärkt in deinem Leben Wachstum erfahren?
- Welchen Menschen könntest du in der kommenden Woche an seiner Wunde berühren und ihm damit zum Segen werden?

IM MITEINANDER

DER GENERATIONEN

IST EIN GROSSER SCHATZ

ZU HEBEN!

Kapitel 9

Sand im Getriebe zwischen den Leitungsgenerationen – Tipps für junge Leitende

»Niemand hat ein Recht, auf dich herabzusehen, weil du noch so jung bist. Allerdings musst du für die Gläubigen ein Vorbild sein: in allem, was du sagst und tust …«
1. Timotheus 4,12; HFA

Ich träume von einer jungen Generation an Leitenden, die zusammen mit allen Generationen leitet und Gesellschaft verändert. Eine Kultur, in der junge Leitende von Anfang an in alle Verantwortungsbereiche integriert, gefördert und begleitet werden. Es gibt viele junge Leitende, die fröhlich und engagiert angefangen haben, aber deren Dienst im Laufe der Zeit eine große Bürde wurde. Unter dieser Last brechen viele zusammen.

Wir haben schon einige der Hürden in Leiterschaft angeschaut. Im Miteinander der Generationen gibt es weitere Baustellen, die uns herausfordern können. Da gibt es so einiges, was zu echten Schmerzen werden kann – gerade für nachwachsende Leitende –: wo Jung und Alt in ihrem Leitungs- und Gemeindeverständnis nicht kompatibel sind, wo ältere Leitende nicht loslassen können oder es nicht aushalten, jüngere Leitende neben sich zu fördern. Wo man sich nicht als Ergänzung sieht, sondern in einem Wettbewerb steht, wo es nur eine Gewinnerin oder einen Gewinner gibt.

Die große Abbruchrate unter Leitenden habe ich schon am Anfang des Buches erwähnt. Sie findet besonders zwischen 35 und 45 Jahren statt. In dieser Dekade haben junge Leitende gerade ihre ersten Leitungserfahrungen gesammelt und parallel oft auch viel Zeit in den Start einer Ehe und Familie investiert. Sie erkennen nach und nach vermehrt den Widerspruch zwischen ihren Wünschen an das Leben und deren Verwirklichung.

Es tauchen Fragen auf, wie: Wer bin ich und was ist mein tragfähiges Fundament? Möchte ich dieses Leben und das Leiten mit all seinen Herausforderungen in den nächsten Jahrzehnten so weiterführen? Erfüllt mich der Dienst für Gott? Haben sich meine Gottesvorstellungen so verändert, dass ich meinen Dienst nicht mehr ausfüllen kann?

Die Antworten, die sie dann darauf finden, sind in Bezug auf ihre Leiterschaft entscheidend. Je nachdem bringt es die Leitenden dazu, weiterzumachen oder abzubrechen. Der amerikanische Autor Stephen Covey[42] schreibt: »Es ist so einfach, in die Falle der Geschäftigkeit des Lebens zu geraten, härter und härter zu arbeiten und die Leiter des Erfolgs hochzuklettern, nur um dann zu entdecken, dass sie an die falsche Wand gelehnt war.« Im Laufe unseres

Lebens werden wir immer wieder entdecken, dass von uns geachtete Leitungspersönlichkeiten sich Halt an der falschen Wand suchten. Aber tatsächlich gibt es immer Möglichkeiten, die Wand oder auch die Leiter zu wechseln.

Ich habe das Privileg, mit vielen jungen Leitenden global unterwegs zu sein. Um nicht über ihre Köpfe hinweg zu entscheiden, führe ich immer wieder unter ihnen Umfragen durch, die mich erkennen lassen, wie sie dabei unterstützt werden können durchzuhalten. Zusätzlich habe ich eine informelle Umfrage in den sozialen Medien unter älteren Leitenden durchgeführt, was sie sich im Rückblick auf ihre Leiterschaftsentwicklung gewünscht hätten. Diese Ergebnisse spiegeln sich im Folgenden wider.

WIR BRAUCHEN IN BEIDEN LEITUNGSGENERATIONEN FÜR UNSER MITEINANDER EIN GUTES FUNDAMENT.

Mir geht es nicht nur um eine bewusste Förderung von jungen Leitenden, sondern auch darum, dass wir in beiden Leitungsgenerationen so unterwegs sind, dass unser Miteinander ein gutes Fundament bekommt. Und dass der Sand im Getriebe, der die Ursache für Schmerzen auf beiden Seiten sein kann, durch Klugheit, Erfahrung und Vorbeugen ausgemerzt werden kann. Dafür sind ein paar grundlegende Dinge sehr wichtig – quasi die Wand, an die wir unsere Leiterschafts-Leitern anlehnen. Diese Punkte müssen wir als Führungskräfte klären, jeder für sich persönlich und im Miteinander der Generationen. Je früher, desto besser.

Für euch, ihr jungen Leitenden, sind die folgenden Tipps als Prophylaxe gedacht: Jede und jeder von uns schreibt die eigene Geschichte mit Gott. Aber vielleicht ersparen sie dir in deiner Leitungsphase manches Leid, manchen Umweg, manche Schmerzen. Und sie können dir helfen, in Durststrecken und Krisenzeiten durchzuhalten.

Hier sind also meine Top-Tipps für junge und nicht mehr so junge Leitende.

Entdecke und entwickle deine Lebensvision!

Was hat Gott dir Einzigartiges anvertraut und was möchte er durch dich in die Realität bringen? Um morgens aufzustehen, braucht es so eine Vision, so ein Ziel. Was bedeutet dir so viel, dass du den Tag energievoll und freudig startest? Oder wie jemand mal gesagt hat: »Vision ist das, was dich morgens aus dem Bett holt und dich abends nicht einschlafen lässt!« Diese Sicht hilft dir, selbst in schmerzvollen Leitungssituationen durchzuhalten. Sie ist praktisch dein Nordstern.

Vision ist verbunden mit deiner persönlichen Berufung. Hier werden oft Begrifflichkeiten miteinander vertauscht. Berufung ist für mich erst mal ganz grundlegend: Du bist zuerst ein Kind Gottes und ein Nachfolger von Jesus. Diese Berufung ist das Fundament, auf dem sich meine und dein Lebensvision aufbaut. Sie ändert sich auch nicht, wenn ich eine neue Vision entwickle oder auch an meiner Vision scheitere. Deine Vision sollte nie wichtiger als Gott, deine Identität aus ihm und die Beziehung zu ihm werden.

Wir haben uns in Kapitel 8 mit dem Fruchtbringen beschäftigt. Die Frucht kommt zum Tragen, wenn ich dem nachgehe, was Gott mir aufs Herz gelegt hat. Wo soll ich einen Unterschied machen? Wo möchte ich etwas bewegen, was kein anderer so gut wie ich bewegen kann? Was ist mein Herzschlag?

Das Motto von Bob Pierce, dem Gründer von *World Vision*, war: »Möge mein Herz gebrochen sein von dem, was Gottes Herz bricht.« Was hat bisher dein Herz gebrochen? Wo schlägt dein Herz schneller, wenn du von einer bestimmten Arbeit, Zielgruppe oder Struktur hörst? Was sind deine Hauptbegabungen und wie könntest du damit den Bedürfnissen der Welt begegnen, die Gott am Herzen liegen? Worin siehst du deine Stärken und wie möchtest du sie im Reich Gottes einsetzen?

Die Klarheit einer Vision ist ein wichtiges Kennzeichen eines guten Leitenden. Um diese zu entwickeln, braucht es Zeit und Hören auf Gott, Erfahrung, Wissen um die eigene Begabung, Begrenzung und die Charakterentwicklung.

Deine Vision wird nicht daran gemessen, wie vielen Nöten sie begegnet oder wie gut du anderen dienst, sondern daran, wie du Jesus damit dienst. Und: Um deine Vision nachhaltig ins Leben zu bringen, brauchst du andere Leitende – auch aus der Generation, die vor dir hergegangen ist. Wir realisieren Königreich-Visionen im Team und über Generationen hinweg. Gott hat nicht acht Milliarden Visionen gegeben, von denen jede Person sein oder ihr eigener Leitwolf ist. Sondern wir sind immer wieder aufgefordert, unsere Visionen und Lebensträume am Kreuz abzugeben und *miteinander* Reich Gottes zu bauen. Schlussendlich schreiben wir Geschichte zusammen und Nachfolge fordert von uns, den anderen höher als uns selbst zu achten (Philipper 2,3).

WIR REALISIEREN KÖNIGREICH-VISIONEN IM TEAM UND ÜBER GENERATIONEN HINWEG.

Junge Leitende folgen oft dem Vorbild von anderen Leitenden, um von ihnen zu lernen. Sie versuchen auch, deren Leitung zu kopieren. Dennoch ist es wichtig, dass du nicht deren Vision lebst, sondern deine eigene von Gott gegebene. Leihe dir auch nicht die Vision eines anderen aus, wie Thomas Härry im Interview beschrieb.

In den letzten Jahren habe ich sehr gute Gemeindegründer und Gemeindegründerinnen wie auch Pastoren und Pastorinnen kennengelernt. Hinter ihnen lag fast immer ein Leidensweg. Ihre erste Gemeindegründung oder den ersten Dienst fuhren viele aus genau diesem Grund an die Wand: Sie haben versucht, Erfolgskonzepte von jemand anderem zu kopieren. Als ich 23 war, war ich inspiriert, meine Lebensvision aufzuschreiben[43] und sie von Menschen, die mir wichtig waren, prüfen zu lassen, ob sie meine Gaben und Anliegen widerspiegelte. Diese Lebensvision hat mich die ganzen Jahre über begleitet. Sie hat mir geholfen, immer wieder zu Aktivitäten Ja zu sagen, die meiner Begabung und meinem Warum im Leben entsprachen. Und auch bewusst Nein zu Dingen zu sagen, die großartig waren und sich in meinem Lebenslauf hervorragend gemacht hätten, aber nicht meiner Berufung entsprachen und daher eher eine Ablenkung oder Zeitverschwendung gewesen wären.

Leider habe ich manchmal Ja zu Aufgaben gesagt, weil sie so toll klangen oder mich jemand gut dazu überreden konnte. Das habe ich manchmal erst hinterher gemerkt. Dann hat mir meine Lebensvision geholfen, zu den Menschen zu sagen: »Tut mir leid, ich habe es mir nochmals überlegt. Jemand anderes sollte meinen Termin oder diese Einladung übernehmen.«

Solltest du noch nicht deine Vision und Berufung aufgeschrieben haben, nimm dir dafür Zeit. In einem seiner Workshops, an denen ich teilnahm, sagte *Executive Coach* Bobb Biehl: »Mit 35 Jahren solltest du wissen, wofür du geboren bist, um den Rest deines Lebens darauf aufzubauen.« Das ist eine Faustregel zur Orientierung. In manchen meiner Seminare erlebe ich, dass sogar Leitende aus der Generation 60+ oder auch Ehepaare gemeinsam sich erstmalig ihre Lebensvision erarbeiten. Es ist nie zu spät, sich zu fokussieren und dem zu folgen, was Gott uns aufs Herz gelegt hat. Das befreit und schenkt Flügel.

Erwarte nicht alles auf einmal!

Biehl schreibt in einem seiner Bücher über die verschiedenen Jahrzehnte des Lebens. Seine Hauptbotschaft ist: »Relax! Entspann dich!« Jedes Jahrzehnt hat seine eigenen Freuden und Herausforderungen.

Mit zwanzig kannst du noch nicht erreicht haben, was erst mit vierzig oder mit sechzig möglich sein wird. Manche Entwicklungen benötigen Zeit. Deine Energie ist in der Lebensphase als junger Leitender sehr hoch und du hast die Möglichkeit, viel zu experimentieren und auszuprobieren. Mit vierzig fängst du dann an, dich stärker zu fokussieren. Später wird Multiplikation wichtig. Deshalb hat jede Dekade ihre eigene Bedeutung.

Auf der deutschen Willow-Creek-Konferenz 2018 berichtete ein Leiter, dass er unbedingt als 25-Jähriger Bücher schreiben wollte. Sein Mentor riet ihm, damit zu warten, bis er vierzig ist. Er war so dankbar für diesen Tipp. Es hat ihn entspannt, der Welt nicht sofort zeigen zu müssen, was für ein toller Typ er ist. Außerdem schlussfolgerte er: »Ich hätte mich für das, was ich als 25-Jähriger geschrieben hätte, mit vierzig wohl geschämt.« Alles hat seine Zeit!

JEDES LEBENSALTER HAT FÜR DEINE LEITERSCHAFT EINE EIGENE BEDEUTUNG.

Øivind Augland, ein dynamischer Norweger, ist einer der Top-Gemeindegründer in Europa. Er hat in den letzten fünfzehn Jahren dabei mitgewirkt, Hunderte von Gemeinden zu gründen. Auch seine Botschaft für alle, die im Dienst entmutigt und enttäuscht sind, ist: »Relax!« Und er rückt den Fokus noch mal klar. Es geht bei unserer Leiterschaft nicht um uns, sondern um Gott:

> Es ist nicht deine Kirche, es ist nicht dein Dienst. Es ist der von Gott. Erfreu dich an Gott in deinem persönlichen Leben, lebe mit ihm, sei ihm ganz nah. Wenn du die Freude darüber, dass Gott in deinem Leben mit dir ist, verlierst, verlierst du auch die Freude an Gott im Dienst.[44]
>
> *Øivind Augland*

Gerade junge Leitende stolpern oft über Selbstüberschätzung, von der wir ja auch bereits gesprochen haben. Jung und voller Tatendrang denkt man schnell von sich, alles hinzubekommen und der Welt zu zeigen, was man alles draufhat. Wer dann scheitert und sich vielleicht von einem missglückten Erstversuch nicht abbringen lässt und es nochmals wagt zu starten, wird beim zweiten Anlauf in größerer Demut, größerer Abhängigkeit zu Gott und einem großen Vertrauen auf Gott und seine Berufung weitermachen.

Bob Moffett, mein Mentor, sagte mir bei der Eröffnungsveranstaltung meines neuen Vereins im April 2021: »Der Erfolg deines Vereins wird nicht darin liegen, in wie vielen Ländern ihr als Team arbeiten werdet und wie viele Menschen ihr erreicht. Ihr werdet daran gemessen, wie sehr ihr die Menschen liebt.« Um zu solch einer Überzeugung zu gelangen, braucht es oft den Weg durch Schmerzen hindurch, um zu erkennen, dass Gott derjenige ist, der die Ehre bekommen soll und dem sie gebührt.

Plane dein Scheitern mit ein!

Ich hatte das Privileg, in Hamburg etliche Jahre unter Pastor Wolfram Kopfermann zu arbeiten. Ein Leiter, der sehr viel in Deutschland und darüber hinaus bewegt hat. Vieles habe ich von ihm gelernt, als ich als 23-Jährige in seine Gemeinde kam. Vieles machte ich zum ersten Mal. Ich wuchs in neue Aufgabenbereiche hinein und begann, vor großem Publikum zu stehen. Es gelang mir nicht alles auf Anhieb. Aber das musste es ja auch nicht.

Wolfram nahm mich einmal zur Seite und sagte: »Evi, probiere alles drei Mal. Wenn es beim dritten Mal immer noch nicht gelingt, probiere etwas anderes. Aber bis dahin gib dein Bestes und probiere es aus.« Das ist mir in den letzten zwanzig Jahren immer wieder zu einem hilfreichen Motto geworden. Es muss mir nicht immer alles gleich genial und fantastisch gelingen. Und ich muss mich nicht sofort für unqualifiziert halten. Wenn wir leiten, ausprobieren und experimentieren, gehören Fehler und Scheitern einfach dazu. Die Frage ist nur: Lernen wir unsere Lektionen?

Wenn ich Menschen in der Bibel anschaue – vor allem auch die, die von Gott zu Leiterschaft berufen waren –, dann begegnen sie mir als Versager, Betrüger, Lügner und so weiter. Wir haben uns einige Beispiele schon näher angesehen – die Liste ließe sich noch weiter fortsetzen. Wenn wir ehrlich sind, sind alle Menschen immer wieder gescheitert, natürlich auch die, die Gott als Leiter berufen hat. Sie machen da keinen Unterschied. Es sind Menschen, die Gott nachfolgten, und doch liefen Sachen in ihrem Leben und in ihrer Berufung zur Leiterschaft schief. Die Frage ist aber nicht: »Sind sie auf eine schiefe Bahn gekommen?«, sondern: »Sind sie wieder zu Gott zurückgekehrt?«

ES MUSS MIR ALS LEITENDER NICHT IMMER ALLES GLEICH GENIAL UND FANTASTISCH GELINGEN.

Diese Haltung Gottes, seine Bereitschaft, immer wieder zu helfen und zu vergeben, erlaubt mir und dir eine Fehlerkultur, weil Gott uns nicht verstößt oder abstempelt. Wir müssen nicht perfekt sein, sondern nur mit Gott weitergehen. Er wird uns zeigen, was richtig ist und was wir aus Fehlern lernen dürfen.

Hab acht auf die Wahl deiner Vorbilder!

Wer sind deine Leadership-Gurus, also deine Vorbilder in Leiterschaft? Wem folgst du nach? Wem du folgst, der bekommt Macht über dich, denn er prägt grundlegende Haltungen und Werte in dir. Daher ist es entscheidend, welchen Experten und Expertinnen in

Leiterschaft du folgst, wessen Bücher du liest oder welche Podcasts du hörst. Vielleicht sind deine Vorbilder gar nicht diejenigen, die bekannt sind, sondern solche, die treu und mit großer Hingabe ihre Arbeit im Stillen verrichten. Leitende, denen es egal ist, wie viele Follower sie haben. Oder es sind genau solche?

Als 25-Jährige habe ich mir vorgenommen, nicht den Kontakt zu christlichen Prominenten zu suchen, um von ihnen zu profitieren, um vielleicht mehr Beachtung zu finden und so schneller auf eine Bühne zu kommen oder schneller ein Buch zu schreiben. Tatsächlich glaube ich, dass es manchmal einfacher für mich geworden wäre, hätte ich solche Kontakte aufgebaut. Aber wer will schon den einfachen Weg?

Mir ist bewusst geworden, wie sehr man versucht ist, andere Leitende, die wichtiger, berühmter oder anerkannter sind, für seinen eigenen möglichen Erfolg zu nutzen und zu *be*nutzen. Ich habe als Beispiel ein Ehepaar vor Augen, die ich beide bis heute sehr schätze. Wann immer ich sie als junge Leitende erlebte, waren sie von jungen Menschen umringt. Es ging für mich gegen meine Werte, mich einfach nur mit ihnen zu befreunden, um Nutznießer ihrer Persönlichkeiten und ihres Ruhms zu sein. Was ist meine Motivation, warum ich den Kontakt suche?

Jetzt muss ich manchmal über meine Gedanken schmunzeln, weil ich inzwischen seit über zwanzig Jahren mit diesem Ehepaar zusammenarbeite und wir uns gegenseitig unterstützen. Alles hat seine Zeit!

Sei demütig!

Demut zu lernen ist ein lebenslanger Prozess. Das Wort »Demut« besteht aus zwei Wortteilen: Dienen und Mut. In meinen Worten gesagt: Zum Dienen gehört Mut. Ohne Mut kann ich nicht dienen. Ich bin völlig abhängig von Gott. Alles, was mir anvertraut wurde, ist ein Geschenk von ihm. Auch alle Gaben als Leitender.

Eine Hilfe dabei, Demut einzuüben, ist, sich zu erinnern, wo man herkommt. Das lässt die Dankbarkeit wachsen und hält die Demut am Leben. Nichts von dem, was ich heute tue, steht mir zu oder habe ich ein Anrecht darauf. Auch wenn ich viele Opfer für meinen Glauben oder für meine Leitungsaufgabe aufgebracht habe, darf ich mich nicht selbst belohnen oder mich beispielsweise ausnehmen von dem, was ich predige. Ich predige in erster Linie immer mir selbst.

Während meiner Schulzeit sagte ein Englischlehrer zu meiner Mutter: »Die Zwillinge (ich bin die Nummer zwei) sind strohdumm und gehören auf eine Sonderschule.« Meine Eltern haben nicht auf ihn gehört, was die Festlegung unserer Klugheit betraf, aber haben uns stattdessen Nachhilfe geben lassen. Wie passt das zusammen? Wen Gott ruft, dem hilft er auch! So wie unsere wohlwollenden Eltern ist es bei uns nur Gott, der unsere Identität festlegt. Gleichzeitig braucht es einen realistischen Selbstblick und Training: Ich wusste schon sehr früh, dass Gott mich in einer internationalen Arbeit haben möchte. Deshalb habe ich fröhlich Englisch gepaukt und mein gesamtes Studium der Theologie und Missiologie in Englisch absolviert. Ich weiß, dass das niemals ohne Gott möglich gewesen wäre, und das hält demütig.

Einer meiner Freunde schrieb mir diese Gedanken, die das gut auf den Punkt bringen:

> Demut ist Abhängigkeit von Gott und von anderen Menschen. Du realisierst, dass du nicht der Erlöser bist. Ich bin in dieser Generation aufgewachsen, die alle zum Lied *History Maker* (dt.: Veränderer der Geschichte) getanzt haben. Es ging immer nur darum, Gott mitzunehmen und die Welt zu verändern. Und das machte uns

müde und erschöpft. Ich musste mir eingestehen: Ich kann Gott nirgendwo mit hinnehmen. Er ist schon da.

Halten wir uns bei allem, was wir prägen und leiten, immer vor Augen: Gott ist der *History Maker*. Alles, was wir tun, haben und sind, tun, haben und sind wir nur durch und für ihn.

Suche dir Wegbegleiter!

Man ist nie zu jung für Wegbegleiter – und auch nie zu alt für neue. Mein Traum ist, dass jeder von uns Leitenden Menschen in seinem Leben hat, die uns anfeuern, herausfordern und uns in unserer Nachfolge und Leiterschaft unterstützen. An diesem Punkt ist das Miteinander der Leiter-Generationen entscheidend.

Paulus als älterer Leitender ermutigte sehr den jungen Timotheus und investierte in dessen Potenzial. Darüber finden wir viel in den beiden Timotheus-Briefen im Neuen Testament. Paulus nahm Timotheus mit auf Reisen, wo der viel von seinem älteren Ratgeber und Leiter lernen konnte. In 1. Thessalonicher 3,1-2 lesen wir, wie Paulus ihn für eine gewisse Zeit allein nach Thessaloniki schickte, um diverse Aufgaben zu übernehmen. Als Timotheus Selbstzweifel kamen, wegen seiner Herkunft und seines Alters, ermutigte Paulus ihn: »Niemand soll dich gering schätzen, nur weil du jung bist« (1. Timotheus 4,12). Sicherlich gehörte auch von Paulus' Seite aus Mut dazu, einem jungen Menschen zu vertrauen, aber es zahlte sich aus.

Mose wurde in den verschiedenen Lebensphasen von unterschiedlichen Begleitern und Ratgebern unterstützt. Zunächst diente ihm als Ratgeber sein Schwiegervater Jethro (2. Mose 18,14-24). Danach konnte Mose seine Berufung erfolgreich aufnehmen und nach Ägypten gehen. Heute gehören zu solchen sogenannten

»Jethro-Diensten« meist erfahrenere Mentoren und Mentorinnen, Coaches, Pastoren und Pastorinnen, Seelsorger und Seelsorgerinnen. Sie helfen der nachfolgenden Leitergeneration in ihren Berufungen und durch Schmerzen in Leiterschaft.

Dann hatte Mose noch situative Unterstützung: Aaron und Hur (2. Mose 17,8-13) unterstützten Mose im Gebetskampf, als er aus eigener Kraft seine Arme nicht mehr heben konnte. Sie waren gemeinsam Leitende auf Augenhöhe, hatten aber jeweils auch eine eigene Leiterschaftsberufung. Solche Unterstützer sind Menschen, die ähnliche Herausforderungen wie wir erleben, bei denen wir einander Rechenschaft abgeben können und die uns helfen, nicht in unserem Dienst auszubrennen.

Zuletzt investierte sich Mose auch selbst in einen jüngeren Leitenden – seinen direkten Nachfolger. Josua war für ihn so etwas wie ein Mentee. Er verbrachte mit ihm Zeit und gab an ihn seine erlernten Weisheiten weiter, sodass Josua nicht die gleichen Fehler machen musste wie er. Josua führte auch die Berufung Moses weiter und vollendete sie. Das ist ein Geheimnis von dem Miteinander der Leiterschaftsgenerationen: Wir dienen einander in dem, was Gott über mehr als eine Generation tun möchte.

In mein Leben investieren sich Menschen, von denen ich lerne, und ebenso investiere ich mich in junge Leitende. Um mich herum leben Leitende, die über sechzig Jahre alt sind und die selbst wiederum Mentoren haben, die siebzig oder achtzig Jahre alt sind. Ich möchte gerne bis zu meinem Tod umgeben sein von Menschen, die mich begleiten, aber ich möchte auch andere begleiten. George Verwer, der Gründer von *Operation Mobilisation*, sagte kürzlich zu mir: »Bitte bete, dass ich den Lauf vollende und nicht noch kurzfristig vor meinem Tod in solche Sünde falle, dass mein ganzer Dienst dadurch zerstört wird.« Die große Offenheit, mit der George als 83-Jähriger mit seinen Fehlern umgeht und ein Mitsprechen auf seinem Weg als Leitender wünscht, ist sehr ermutigend. Wir erleben leider immer wieder, wie weltbekannte männliche Pastoren und Leiter straucheln und damit nicht nur sich selbst schaden, sondern auch ihrem gesamten Dienst. Leider hört man dann wenig Öffentliches über ihre Einsicht, Vergebung und Wiederherstellung,[45] aber das ist Gottes Absicht. Und dazu benötigen wir solche Wegbegleiterinnen und Wegbegleiter, denen wir vertrauen und erlauben, in unser Leben und unser Leiten hineinzusprechen.

Thomas Härry und Patrick Reagan erzählten bereits beide von engsten Wegbegleitern, mit denen sie in ihrem Leben und Dienst unterwegs sind. Nicht jede Beziehung eignet sich dafür. Aber es braucht von uns die bewusste Entscheidung, sich solche Wegbegleiter zu suchen und sich darum zu bemühen. Diese können eine prägende Wirkung entfalten, wie auch bei folgender Erfahrung.

Echte Freundschaft stärkt Leitende – Matt Summerfield, John Fudge und Phil Rice über die besondere Kraft von Herzensfreundschaften im Kontext von Leitungsaufgaben und darüber, warum ein Team ein guter Schutz gegen Einsamkeit in Führung ist

Pastor Matt Summerfield, Missionsleiter John Fudge und Missionar Phil Rice stammen alle aus England. Ursprünglich arbeiteten sie in der gleichen christlichen Jugendorganisation, Urban Saints. Dadurch lernten sie sich auch persönlich kennen. Ich möchte dich in ihre Geschichte mit hineinnehmen, wie sie zu Leidensgenossen und besten Freunden wurden. Ich habe sie im Kontext von Jugendarbeit kennengelernt. Ich bin »heilig neidisch« auf diese drei und wünsche mir, dass solche Herzensfreundschaften überall entstehen. Niemand sollte bei seiner Reise als Führungskraft allein unterwegs sein.

Wie kam es, dass ihr drei so enge Freunde und Leidensgenossen wurdet?

Seit 2003 haben wir sehr eng als Mitglieder des Leitungsteams von *Urban Saints* zusammengearbeitet. Das war ein unglaubliches Abenteuer mit vielen Risiken, großer geistlicher Frucht und unglaublich viel Spaß. Man erreicht so eine Ebene der Teamarbeit nicht, ohne sich entweder gegenseitig »umzubringen« oder richtig gute Freunde zu werden.

Als wir 2013 an einer strategischen Tagung in Yucatán, Mexico zusammen teilnahmen, sind wir wegen des Jetlags am nächsten Morgen um vier Uhr aufgewacht. Wir gingen dann spontan im Meer schwimmen, spazierten am Strand entlang und landeten schließlich auf einem Balkon mit Meerblick. Wir drei standen unter großem Druck. Einer von uns hatte schwere Eheprobleme, der andere große Not in seiner Familie und den Dritten plagten extreme Schmerzen. Drei Männer, jeder verheiratet, und doch kämpfte jeder mit Einsamkeit in seiner Leitungsverantwortung.

Wir alle brauchten einen Raum zum Erzählen und dieser wunderschöne Ort mit Sonnenaufgang vor uns lud dazu ein. Sehr ehrlich begannen wir über die Dinge zu reden, mit denen wir kämpften. Es war ein Moment tiefer Realität, bei der es einfach hätte bleiben können, oder aber es würde etwas Dynamisches entstehen, ein sicherer Raum, in dem es Realität werden könnte, dass wir auf vielfältige Weise das Leben miteinander teilen könnten.

DREI MÄNNER, JEDER VERHEIRATET, UND JEDER KÄMPFTE MIT EINSAMKEIT IN SEINER LEITUNGSVERANTWORTUNG.

Von Beginn an gab es eine Freundschaft zwischen uns. Wir fühlten uns wohl miteinander, hatten viel Spaß und freuten uns, dass wir miteinander im Dienst stehen durften. Es gab eine echte Wertschätzung für die Begabung der anderen, für die Unterschiede, für die Stärken und Schwächen und ein Wissen darum, dass wir gemeinsam stärker waren als jeder allein.

Aber um so eine Tiefe der Freundschaft zu erleben, geht es nicht ohne Momente von Streit, Frust aneinander und von dem Gefühl, dass der andere mich enttäuscht hat. Wir alle erlebten Desillusion, doch auch, wie das uns noch mehr zusammengeschweißt hat und ehrliches Vertrauen und Freundschaft entstehen konnten. Es kommt erst dann zu einem starken Fundament in der Freundschaft, wenn sie auch getestet wurde.

Gibt es eine gemeinsame Vereinbarung?

Matt aus unserem Team hatte ein Bild vor Augen, wie wir gemeinsam geistlich wachsen könnten. Während er die Bibel studierte und wie Jesus Beziehung lebte, kreierte Matt ein Model, dass er »Live life 1-2-3« nannte. Es bedeutet unter anderem, dass man zu dritt die anderen zwei als seine Gefährten bestimmt und sich dazu verpflichtet, das Leben miteinander zu teilen. Es bedeutet, die schönsten und die schlechtesten Erfahrungen aus Dienst, Familie, Arbeit, Erfolg, Versagen und Mittelmäßigkeit miteinander zu teilen. Wir geben einander die Erlaubnis, ganz ehrlich und frei miteinander zu kommunizieren. Wir vertrauen dem anderen unser Selbst an, unser Ego und wer wir wirklich sind.
Als Resultat haben wir jeweils so viel Dreck über die anderen zwei gesammelt, dass wir uns gegenseitig fertigmachen könnten. Wir haben aber ebenso echte Wertschätzung für das, was Gott durch den anderen tut.
Das ist auch der Grund, warum es viele Leitende nicht wagen, solche nahen Verbindungen einzugehen. Man macht sich verletzlich. Man hat Nöte, Schmerzen, Verwundbarkeit und vielleicht noch nicht verheilte Wunden offengelegt. Es bleibt ein Restrisiko, wie die anderen damit umgehen. Werden sie dir und deiner Leiterschaftsposition schaden? Das Risiko muss man bereit sein, einzugehen. Wir haben alle erlebt, dass es sich persönlich und für die Aufgaben als Leitung lohnt, dieses Vertrauen zu investieren!
Die wahre Verpflichtung zur Freundschaft wurde erst dann wirklich getestet, als wir drei die Organisation verließen und jeder seine eigenen Wege ging. Da dieses natürliche Umfeld nun wegfiel, mussten wir uns proaktiv entscheiden, die Beziehung aufrechtzuerhalten. Es würde uns Zeit und Geld kosten. Wir waren dazu bereit und so gehen wir heute noch durch dick und dünn miteinander. Wir wollen das Beste füreinander, sind absolut ehrlich und feuern uns gegenseitig an.

Wie oft trefft ihr euch?

Wir treffen uns alle sechs Wochen, normalerweise mit einer Übernachtung, damit wir genügend Zeit und Raum zum Reden haben. Intensives Mitteilen ist möglich, aber auch, sich einfach gegenseitig upzudaten und gemeinsam zu lachen. Gute Zeiten, gutes Essen und Trinken, Rat suchen und bekommen, Gebet geben und erhalten.

John und Phil leben ungefähr 45 Minuten voneinander entfernt. Matt jetzt sogar zwei Stunden. Zusätzlich zu unserem Treffen tauschen wir uns täglich über WhatsApp aus und reflektieren miteinander eine Bibelstelle.

Aber dabei bleibt es nicht. Es ist mittlerweile für uns zur Selbstverständlichkeit geworden, bei Bedarf das Telefon in die Hand zu nehmen, um Gebetsanliegen oder Ermutigung und Rat weiterzugeben.

Was hat es euch gebracht, auf diese Weise das Leben zu teilen?

Dass das, was dir passiert, auch jemand anderem etwas bedeutet und interessiert, macht das Leben bedeutsam. Einsamkeit bei Leitungspersönlichkeiten muss kein Dauerzustand sein. Es lohnt sich, Gefährten zu finden, mit denen man seine Werte teilen kann.

Diese Beziehungen sind der Ort, wo die großen Fragen des Lebens und der Leitungsaufgaben, die man sonst ungern zur Sprache bringt, auf den Tisch kommen und gemeinsam ausdiskutiert werden können. Das Unmögliche darf gefragt werden. Das Schlimme und Falsche, was in unserem Leben nicht passieren hätte sollen, aber passiert ist, wird angesprochen, darüber voreinander Buße getan und Vergebung empfangen. Handlungsschritte werden vereinbart. Man gibt sich gegenseitig Rechenschaft.

Und es bedeutet, wir sind nicht allein. Das Leben wirft dir immer wieder Knüppel zwischen die Beine. Dinge passieren, die wir lieber für uns behalten möchten. Aber unsere Verpflichtung zueinander erlaubt das nicht. Du kannst nur desillusioniert werden, wenn du zuerst falsche Erwartungen hattest.

Wir wissen voneinander, dass wir nicht von den anderen verurteilt werden.

Solche Freundschaften sind echte Energiespender. Wir sind Gott so dankbar, auch für unsere geistliche Bruderschaft. Es ist etwas ganz Besonderes und leider oft viel zu einzigartig unter Leitenden heute. Dabei brauchen wir alle solche Freundschaften.

Wie hat es euch in eurer Leitung geholfen?

Kein Leitender macht immer alles richtig. Das sehen wir schon in der Bibel. Wenn Davids Sohn Amnon auf den guten Rat von Freunden gehört hätte, hätte er wahrscheinlich nicht seine Halbschwester Tamara vergewaltigt und wäre nicht von ihrem Bruder umgebracht worden. Wenn Simson mit seiner Kraft gute Freunde an seiner Seite gehabt hätte, hätte er den Feinden Gottes vielleicht mehr Probleme beschert und weniger sich selbst. Wenn Gideon sich solcher Freunde bewusst gewesen wäre, hätte er vielleicht eine Nation führen können, wie ihm angeboten wurde, statt nach Hause zu gehen und nach all der Kampfesaufregung Götzen anzubeten.

Diese Freundschaften halten in schlechten und in guten Zeiten. Sie sind gemacht für die großen Entscheidungen und die kleinen Momente, die uns versuchen, in denen wir an unserer Berufung zweifeln und unsere Ideale aufgeben. Die Trennungslinie zwischen Gut und Böse verläuft nicht neben uns, dass wir Entscheidungen unvoreingenommen treffen könnten, sondern sie verläuft durch uns. Genau dort benötigen wir Menschen, die an unserer Seite stehen, unsere inneren Entscheidungsprozesse aufmerksam verfolgen und uns Leben schenken, wo wir es am meisten brauchen.

Es gibt nichts Wichtigeres, als dass wir wirklich gekannt werden, wer wir sind, weil Gott uns als Person zuerst meint, nicht das, was wir leisten. Zu viele Leitende zeigen ein Image, was andere vielleicht bewundern und davon inspiriert werden, aber es ist nur ein Image. Diese Art von Beziehung verstärkt die Lücke zwischen öffentlichem und privatem Leben nur noch mehr.

Unsere Kameradschaft wirkt dieser Trennung von Dienst und Leben in Leiterschaft entgegen. Sie hilft uns, ehrlicher, realer und weniger vergeistlicht zu sein. Und wo sich das bei uns persönlich verändert, verändert das auch die Art, wie wir leiten, was wir bei anderen prägen, wie wir die Bibel verstehen und lehren usw.

Was hättet ihr verpasst, hättet ihr nicht solch eine Freundschaft gehabt – persönlich und in Bezug auf eure Leitungsaufgaben?

Als Matt zum zweiten Mal heiratete, wollten Phil und John unbedingt die Freude mit ihm teilen. Wir waren dabei und weinten Tränen des Glücks für ihn. Wir unternahmen alles, damit dieses Ehepaar einen unvergesslichen Tag erlebte. Bei dieser Feier waren wir seine Brüder.

Als Phil durch eine schwere Phase in seinem Dienst ging, wo er Ablehnung erlebte und sein Dienstbereich einfach beendet wurde, waren wir für ihn da und zeigten ihm, dass er total akzeptiert, geliebt und immer noch jemand ist, der anderen etwas geben kann. Er wusste, wir meinten das ehrlich. Er war nicht allein. In seiner Verzweiflung waren wir seine Brüder.

Als John ganz plötzlich seinen Dienst beenden musste und mit nichts dastand, taten Phil und Matt alles, um ihn zu unterstützen, zu ermutigen, und halfen ihm, einen neuen Dienst aufzubauen. Gemeinsam gingen wir mit John auf Einsätze. Wir waren in seinem Elend seine Brüder.

Dies sind nur drei von vielen Beispielen der gemeinsamen Jahre.

Wir glauben, hätten wir uns drei nicht gehabt, wären wir wahrscheinlich in große Sünde gefallen, hätten uns selbst sehr geschadet und viel Schmerz verursacht, bei unseren Familien und denen, die uns als Leitende anvertraut sind. Und nicht zu vergessen die Auswirkung dieser Sünde, die es auf das Reich Gottes in und durch uns gehabt hätte.

Wir möchten niemals diese echte, fortwährende Freude vermissen, zu sehen, wie der andere wächst, durchhält und von Gott gebraucht wird. Plus natürlich all die verrückten, gottgefüllten und lustigen Abenteuer. So viele tolle gemeinsame Erinnerungen, so viele werden noch kommen!

Fragen zur Reflexion

- Wer könnte in deinem Umfeld als Leitender dein Gefährte werden?
- Welches Trio könnte sich hier finden und gegenseitig begleiten?
- In wen kannst du dich bewusst investieren, der/die dein »Josua« sein könnte?
- Was musst du in dein Leben investieren, um weiter den Lauf zu laufen und zu vollenden?
- Wo siehst du dich in fünf Jahren?
- Was muss heute geschehen, um das Ziel zu erreichen?

Werde aktiv!

- Schreibe deine persönliche Lebensvision (*Mission Statement*) auf und suche dir Vertrauenspersonen, denen du sie vortragen kannst und Feedback bekommst. Nur, wer seine Vision wirklich definiert, dem kann sie als Verpflichtung und Ziel dienen.
- Erstelle eine Liste möglicher Gefährten und frage anschließend dann mindestens zwei Personen, ob sie es sich vorstellen könnten, mit dir gemeinsam auf Augenhöhe unterwegs zu sein. Einfach mal probieren.
- Suche dir eine ältere Person in Leitung, die dich begleiten könnte.

JEDER BRINGT

SEIN PUZZLETEIL MIT.

Kapitel 10

Als Frauen und Männer gemeinsam in der Verantwortung

»Es wird immer gute Gründe geben, ein Risiko nicht einzugehen. Aber wenn man immer nur tut, was in der Vergangenheit funktionierte, wird man eines Tages aufwachen und feststellen, dass man überholt worden ist.«
Clayton Christensen[46]

Sommer 2018, USA. Ich stelle mich zwischen Hunderten von Kongressteilnehmenden in der Essenschlange an, wo die meisten um mich herum Männer sind. Parallel zur *Lausanner Konferenz*, an der ich teilnahm, fand nebenan eine Konferenz mit gefühlt 99 Prozent Männern statt. Der Mann hinter mir, ein Teilnehmer der anderen Konferenz, sagte Hallo, während wir warteten, und fragte mich dann: »Und von welchem Leiter hier bist du die Ehefrau?«

Ich muss verwirrt ausgesehen haben, denn er wiederholte die Frage. Nicht gerade ein gelungener Gesprächseinstieg. Was sollte ich als Leiterin und Single darauf antworten? In meinem Kopf sprudelten sofort viele unterschiedliche Reaktionen: »Soll ich ihm so eine richtig klare Ansage wie eine gute Deutsche geben? Oder soll ich so tun, als ob ich die Frage einfach nicht verstanden habe? Wieso konnte ich denn als Frau nicht auch Leiterin sein? Definiert mich das Geschlecht so sehr, um mir zu sagen, wer ich bin und was ich darf?«

Ich entschloss mich zu lächeln und sagte voller Stolz: »Ich gehöre zu Jesus und bin selbst eine Leiterin«, und nahm mir etwas vom Salat. Er murmelte irgendetwas vor sich hin, errötete, nahm sein Tablett und stellte sich an einer anderen Warteschlange an, die nur aus Männern bestand. Da war er sicher! Und ich war wieder einmal so froh, zu einer kirchlichen globalen Bewegung zu gehören, in der Frauen wie Männer gemeinsam am Missionsauftrag arbeiten und gemeinsam leiten.

Diese Begegnung fand 2018 statt, nicht 1978. Immer noch hören Frauen missbilligende Stimmen, wenn sie sich in der gemeindlichen Öffentlichkeit engagieren. Wenn sie predigen, leiten, Führung im Reich Gottes übernehmen. Wir erleben in der Zusammenarbeit von Männern und Frauen fantastische Teamarbeit, neue Projekte entstehen, gute Netzwerkarbeit. Aber immer noch begegnen uns Hürden, wo beide Seiten sich missverstehen und sich vielleicht auch missachten. Wo die Zusammenarbeit auf Augenhöhe erschwert wird oder sogar erst gar nicht erwünscht ist. Das verursacht bei vielen Frauen, die ihrer Berufung und Jesus hinein in Leitungsverantwortung folgen, echte Schmerzen.

Es gibt immer noch eine Schieflage

Nicht nur ich habe solche Erfahrungen wie oben beschrieben öfter erlebt. Wenn man genau hinhört, dann erzählen besonders Frauen in Leitungspositionen leidvolle Geschichten im Umgang mit leitenden Männern. Leitende Frauen erleben besonders eine Diskrepanz zwischen Arbeits- und Gemeindewelt. Eine 28-jährige Pilotin darf bei der Lufthansa eine Maschine mit über vierhundert Passagieren an Bord befördern, aber in manchen Gemeindekontexten darf sie nicht einmal laut beten.

Ich kenne viele großartige Leitende. Die Mehrheit davon sind Männer. Ich liebe es, mit ihnen zusammenzuarbeiten und habe selten Diskriminierung und Benachteiligung erfahren. Meistens sogar das Gegenteil. Etliche Leiter haben mir den Raum gegeben, mich einzubringen, mich zu entwickeln und Verantwortung in etlichen Bereichen zu übernehmen. Dafür bin ich sehr dankbar. Besonders dann, wenn ich Geschichten von Leiterinnen reflektiere, die ihre Storys erzählen, denen es ganz anders erging und die an ihren Päckchen wirklich leiden.

ICH KENNE VIELE GROSSARTIGE LEITENDE. DIE MEHRHEIT DAVON SIND MÄNNER.

Niemand außer Gott sollte das Recht haben, Männer sowie Frauen einzuschränken; sie auf ihr Geschlecht zu reduzieren; sie in eine theologische Ecke zu drängen oder ihnen vorzuschreiben, was sie dürfen und nicht dürfen. Und Gott, unser Vater, ist so nicht. Er beschneidet, wen er liebt, ja. Er hat klare Ordnungen, die er uns zeigen möchte, ja. Aber er ist nicht diskriminierend aufgrund des Geschlechts. Ich habe noch nie gehört: »Wir finden einfach nicht genügend Männer für die Bühne. Männer, die zu einem Thema sprechen möchten. Männer, die leiten können …« Aber schon öfter von Konferenzorganisatoren: »Wir finden einfach keine Frauen.

Die, die wir angefragt haben, trauen es sich nicht zu. Es möchte keine Frau in unseren Ältestenkreis …«

ES IST EINE LÜGE, DASS WIR NICHT GENÜGEND LEITERINNEN HABEN. WIR HABEN SIE, WIR FÖRDERN SIE NICHT GENUG.

Ich glaube, dass es viele fantastische Frauen gibt, die leiten können, die eine Stimme haben und auf die Bühne gehören. Ich glaube, dass wir diesen Stimmen eine Plattform geben sollten, weil sie so viel Wichtiges zu sagen haben. Darf ich es direkt formulieren? Es ist eine Lüge, dass wir nicht genügend Frauen haben, die auf der Bühne reden können. Es ist eine Lüge, dass wir nicht genügend Leiterinnen finden können. Wir haben sie, aber wir fördern sie nicht genug.

Wie kommen wir als Männer und Frauen in Leitung auf Augenhöhe? – 4 Strategien

In einer Umfrage unter jungen Leiterinnen in Deutschland, die ich mit Melanie Carstens, der Chefredakteurin vom *JOYCE*-Magazin, unternahm, meldeten sich in kurzer Zeit 117 junge Frauen bis 35 Jahre. Ihr größtes Bedürfnis war, dass man ihnen den Raum zum Leiten gibt und sie dabei anleitet.[47] Interessanterweise ist unsere Gesellschaft oft weiter in der Integration von leitenden Frauen als unsere Gemeinden. Schauen wir uns also einige Strategien für Frauen und Männer an, wie wir uns gemeinsam bei einem Leiten auf Augenhöhe unterstützen können:

1. Theologische Standpunkte klären und verhandeln

Eine der wichtigsten Fragen für Frauen und damit auch für die Männer in der Gemeinde ist es zu wissen, wo die Gemeindeleitung theologisch steht. Um unserer Berufung auch im Bereich der Führungsverantwortung nachzukommen, braucht es an diesem Punkt ein offenes Gespräch. Liebe Frauen, wenn ihr in einer Gemeinde oder Organisation Verantwortung übernehmen möchtet, dann findet heraus, wie der Punkt »Frauen in Leitung« theologisch vertreten wird.

Ich erlebe immer wieder, dass man gerade Frauen oft indirekt und durch Reaktionen mitteilt, was sie tun dürfen oder auch nicht. Lasst uns hier offener werden und klarer kommunizieren, was die Standpunkte sind. Oftmals unterscheiden sich Gemeindeleitungen von den Aussagen ihrer Mitglieder und theologische Begründungen basieren eher auf persönlichen Ansichten. Ein erster wichtiger Schritt für Augenhöhe ist, ehrlich zu werden über die theologischen Standpunkte zu dem Thema aller Betroffenen.

Ich wünsche mir, dass Gemeindeleitungen ihre Grundhaltungen schriftlich fixieren, damit Mann und Frau weiß, ob Frauen in der Leitung erwünscht sind oder nicht. Dürfen in einer Gemeinde Frauen leiten und predigen? Wenn nein, warum nicht? Ohne ein solches Statement oder eine klare theologische Begründung bleibt vieles vage und kann Frauen den Atem zur Auslebung ihrer Berufung nehmen. Schmerzen sind vorprogrammiert – für die betroffenen Frauen, für die Zusammenarbeit im Leitungsteam und auch im Miteinander mit der Gemeinde bzw. den Menschen, die der Leitung anvertraut sind.

Mein Wunsch ist, dass wir Frauen und Männer gemeinsam erkennen, wer wir in Jesus Christus sind, beispielsweise Kinder Gottes (Johannes 1,12), gesandt, um Frucht zu bringen (Johannes 15,16), eine neue Schöpfung (2. Korinther 5,17), versöhnt mit Gott und Botschafter des Wortes von der Versöhnung (2. Korinther 5,18-19). Diese freisetzende Wahrheit macht uns frei. Auch frei von den Zwängen, die wir einander auferlegen.

2. Jeder hat die Freiheit, sich zu entscheiden

Liebe Schwester: Wenn du eine Leitungsbegabung hast, aber deine Gemeinde Frauen in Leitung nicht wünscht, musst du dich entscheiden, was du möchtest bzw. Gott von dir möchte. Es kann dran sein, zu bleiben und eine andere Position einzunehmen. Oder es kann dran sein, zu prüfen, ob Gott einen anderen Ort für dich meint.

Ich liebe den Spruch von Corrie ten Boom: »Mut ist Angst, die gebetet hat.« Vielleicht hast du wie ich vor vielem Angst, und doch stellst du dich ihr im Gebet und gehst mutig Schritte nach vorne, um deine Berufung hoffnungsvoll anzunehmen und zu leben. Dazu ermutige ich dich sehr!

Nach meinem Abitur ging ich in die Niederlande, um Theologie und Mission zu studieren. Ich war überzeugt: Gott kann mich so, wie ich bin, gebrauchen. Viele Männer und etliche Frauen haben mich auf diesem Weg ermutigt. Warum schreibe ich »etliche Frauen« und nicht »viele Frauen«? Weil es tatsächlich mehr Frauen sind, die mich kritisiert haben, ich würde nicht biblisch agieren. Dahinter steht oft ein Verständnis von Unterordnung, das für mich eher nach Unterwerfung aussieht. Erst als ich Mitte zwanzig war, bin ich Leitern und oft auch ihren Ehefrauen begegnet, die mir sagten: »Du darfst nicht leiten, so verhält sich keine biblische Frau.« Oder: »Als Single kannst du keine Leitungsaufgabe wahrnehmen.« Wie dankbar bin ich, dass ich diese theologischen Überzeugungen weder vom Elternhaus her kannte noch von Leitenden gehört hatte, denen ich gerade als junge Frau sehr vertraut habe.

»MUT IST ANGST, DIE GEBETET HAT.« – CORRIE TEN BOOM

Um aber zu verstehen, welchen theologischen Hintergrund Menschen haben, was ihre Prägung ist und wie sie diese ausleben, war es wichtig für mich zu definieren, wo ich persönlich theologisch in Bezug auf Leitung stehe. Ganz praktisch habe ich an meinem Fundament gebaut. Und das möchte ich uns allen empfehlen: zu wissen, wo man theologisch steht, und dennoch in Bewegung zu bleiben, sich selbst herausfordern zu lassen und auch in Leitung agil zu bleiben – das zeichnet Führungspersonen im Reich Gottes aus meiner Sicht aus. Nicht jeder theologische Sturm, der aufziehen mag, kann uns dann aus der Bahn werfen. Das gilt für Frauen und Männer: Alle haben die Freiheit, sich zu entscheiden. Und alle sind auch dafür verantwortlich, vor Gott und mit seinem Wort eine Position zu dem Thema »Frauen in Leitung« zu finden und sie offen zu kommunizieren.

3. Unterschiede erkennen: Was bei Frauen und Männern nötig ist, dass sie Leitung übernehmen

Ein nächster Schritt für Augenhöhe von Frauen und Männern in Leitung ist, dass wir die Unterschiede erkennen, was beide brauchen, um Verantwortung zu übernehmen. Die amerikanische Autorin und Sprecherin Kadi Cole[48] beschreibt, wie Männer und Frauen auf ein Jobangebot reagieren.

Der Mann sieht das Jobangebot und denkt: »Ach, zu 60 Prozent trifft das auf mich zu, den Rest erlerne ich schon im Job.« Die Frau, die zu 100 Prozent auf die gesuchte Position passt, denkt mindestens zweimal darüber nach, ob sie diesen Job ausfüllen könnte, und braucht oft eine zusätzliche Ermutigung von außen, die ihr bestätigt, dass sie das Zeug für diese Position hat.

Frauen trauen sich oft weniger zu und benötigen deshalb zu Beginn vermehrt Ermutigung. Das hängt sicherlich mit ihrer kulturellen und theologischen Entwicklung zusammen. Und wenn sie in einer Leitungsposition angekommen sind, hilft es, Wegbegleiter zu haben, die die ersten Schritte vertrauensvoll mitgehen. Solche Ermutiger müssen gesucht und angefragt werden.

Cole schreibt, dass sich über 54 Prozent aller Leiterinnen nicht von ihren männlichen Counterparts unterstützt fühlen.[49] Einen Mann als Fürsprecher zu haben, macht oft den Unterschied, gerade beim Einstieg. Es ist jemand, der einen auf dieser Reise ganz praktisch begleitet und bei Bedarf unterstützt, konkret ermutigt, sich einzubringen, und immer wieder seine Hilfe anbietet. Auch wenn Frauen dann erleben, von anderen Teammitgliedern in der Leitungsrunde eher belächelt oder unbewusst herablassend behandelt zu werden, kann ein männlicher Ermutiger einspringen, unterstützen und die Stimme erheben.

Suchen wir echte Augenhöhe in Leiterschaft, ist das wie eine fremde Kultur, in der man neu die Sprache des anderen lernen muss, um sich zu verstehen. Vielleicht fühlt es sich zuerst künstlich an, aber es wird schnell zur Gewohnheit, wenn man die neue Kultur will und bewusst fördert.

Eine ganz konkrete Möglichkeit, eine solche Kultur zu schaffen, ist es, grundsätzlich mindestens zwei Frauen in Leitungsgremien aufzunehmen. Um nicht als Quotenfrau in einem Leitungsteam zu sitzen, ist es viel förderlicher, wenn mindestens noch eine weitere Frau mit im Team arbeitet. Manchmal haben Frauen das Gefühl, sie müssen erst in ihre Verantwortung hineinwachsen, und allein fällt es schwerer und dauert länger. Auch Danielle Strickland bestätigt das in ihren Büchern und Vorträgen, dass mehr als eine Frau im Team die Genderangelegenheit neutralisiert und es erleichtert, wenn Gender-Konflikte auftreten sollten.

Eine große Herausforderung für Leiterinnen ist, sich in ihrer Rolle wohlzufühlen. Eine Umfrage in den USA[50] hat ergeben, dass erfolgreiche Männer häufig sehr gemocht sind. Je höher aber die Frau in Leitung kommt, umso weniger wird sie von Männern und Frauen gemocht. Hier müssen sich besonders Leiterinnen mehr mit dem Thema Neid auseinandersetzen als ihre männlichen Kollegen.

Umso leichter könnte das fallen, wenn man nicht als einzige Frau in einem Leitungsteam ist. Dan Allender schreibt in *Leading with a limp*, dass ein Leiter die Bereitschaft mitbringen muss, nicht nur nicht gemocht, sondern auch gehasst zu werden. Leiterinnen trifft das oft auf eine zusätzliche Weise, weil Frauen oft eher verbindend wirken möchten.

Machen wir uns bewusst, wie unterschiedliche Stolpersteine und Hürden Frauen und Männer auf dem Weg in Leiterschaftspositionen erleben, ist ein großer Schritt getan, Schmerzen an dieser Sollbruchstelle vorzubeugen.

4. Frauen leiten anders und das ist gut so

Was für ein Geschenk, dass wir alle anders sind und jede von uns etwas zum Reich Gottes beiträgt. Frauen, die uns in Führungsverantwortung gerade im freikirchlichen Bereich vorangegangen sind, erzählen mir immer wieder, dass sie nicht wussten, wie eine Frau leitet und ob es Unterschiede gäbe. Weil sie weniger Vorbilder hatten, kopierten sie oft den eher männlichen Leitungsstil.

Es gibt Unterschiede, wie Frauen leiten, und keiner davon ist schlechter oder besser als die Art, wie Männer leiten. Damit meine ich nicht die Geschlechterstereotypen, die wir sicherlich zur Genüge kennen. Vieles ist durch unsere Kultur und unsere eigene Erziehung geprägt und *ver*prägt worden. Doch wir sollten feiern, dass wir gemeinsam leiten können, und uns zugestehen, dass jeder seinen Stil und seine Art des Leitens einbringen darf. Beide Seiten lernen gemeinsam, was es heißt, den Leitungsstil des anderen zu respektieren und wertzuschätzen.

> WIR BRAUCHEN EINANDER UND JEDER BRINGT SEIN PUZZLETEIL MIT.

Bei manchen Sitzungen kommen mit den Frauen vielleicht mehr Herz, Teamspirit und Kollaboration mit dazu, was dem

Gesamtteam und der Arbeit nur dienlich sein kann. Frauen gehen oft weniger in Konkurrenz und Wettbewerb miteinander und versuchen eher, auf andere zu achten. Männer können manchmal schneller zum Punkt kommen und Entscheidungen leichter treffen. Wir brauchen einander und jeder bringt sein Puzzleteil mit. Was du über dich selbst glaubst, wird dich entscheidend beeinflussen, was und wie du leiten wirst.

5 Tipps für Frauen in Leiterschaft

Ich bin eine Cheerleaderin. Und deswegen möchte ich jetzt bewusst euch Frauen anfeuern, den Weg hinein in Leiterschaft zu gehen. Euch nicht von dem große Konfliktpotenzial gerade im Kontext von Kirche und Gemeinde abschrecken zu lassen. Hier also einige Tipps, die mir selbst geholfen haben, um gut gewappnet zu sein für das, was auf diesem Weg Schmerzen auslösen kann:

1. Suche dir Verbündete!

Dieses Prinzip habe ich schon mehrmals angesprochen, aber es kann nicht oft genug betont werden: Um die Aufgabe in Leitung gut wahrzunehmen, ist es hilfreich, Verbündete zu finden. Jemand, dem wir vertrauen und mit dem wir über unsere Verantwortung mit all ihren Herausforderungen frei reden dürfen. Bevor die Selbstzweifel überhandnehmen oder man sich minderwertig fühlt, hilft es, eine vertraute Person zu haben, die einen reflektiert und ehrlich unterstützt. Wo möglich, ist es toll, wenn eine Leiterin eine Frau als Ratgeberin haben kann. Da es aber bisher nicht so viele Frauen in Verantwortung gibt, sind wir meist auf Männer als Mentoren angewiesen. Das wiederum könnte den Vorteil haben, dass sie uns dabei helfen, Probleme einmal aus ganz anderer Perspektive zu sehen.

Nachdem ich Geschäftsführerin wurde, suchte ich nach älteren Frauen in Leitung. Die drei, die ich fragte, hatten allerdings keine Zeit für mich. Dennoch war mir bewusst, wie sehr ich eine solche Begleitung brauchte, einerseits, um mich persönlich weiterzuentwickeln, aber auch, um in einer eher männlichen Domäne durchzuhalten. Überraschend schenkte mir Gott diesen Support durch mehrere Männer. Bob aus England wurde mein Mentor und als ehemaliger Geschäftsführer konnte er mir strategisch viel weiterhelfen und ermutigte mich sehr. Ein anderer arbeitete mit mir ein Jahr an meiner Führungsverantwortung und Teamentwicklung. Ich verdanke den Männern sehr viel. Sie waren echte Geschenke. Ihr Anliegen war es ja nicht, mich zu kritisieren oder in frauliche Schranken zu weisen, sondern mich zu fördern und zu begleiten.

Also, nicht aufgeben, sondern mutig andere Frauen und Männer um Begleitung bitten! Lass dich selbst nach Absagen nicht entmutigen, sondern bete dafür und suche weiter. Nach meiner Beobachtung im Begleiten von jungen Leiterinnen tun sich Frauen in Leitung manchmal schwerer als Männer, nach Hilfe zu fragen. Vielleicht wäre jetzt ein guter Zeitpunkt, jemand anderen zu fragen, dich zu begleiten?

2. Verabschiede dich von Perfektion!

Frauen erleben oftmals den Druck, alles exzellent und perfekt machen zu wollen. Männer haben ihre eigenen Baustellen. Für diejenigen unter euch Leiterinnen, die zwischen Familie und Leitungsberufung jonglieren, gibt es etliche Herausforderungen, alles unter einen Hut zu bekommen. Für die Singles in Verantwortung heißt es oft, nicht über die eigenen Grenzen zu gehen, sondern auch Nein sagen zu können. Dabei merken wir schnell: Es kann nicht alles perfekt erledigt werden. Die Zeit reicht nie aus. Die Mitarbeitenden stehen nie in gewünschter Anzahl zur Verfügung. Es bleibt immer eine Diskrepanz zwischen dem Wollen und dem Vollbringen.

Einer meiner Leitsätze aus der Jugendarbeit heißt: »Wir wollen Exzellenz, aber keinen Perfektionismus!« Wir geben unser Bestes für Gott. Den Rest macht er. Diese Einstellung hält uns in der gesunden Abhängigkeit zu Gott und unseren Mitmenschen. Wir brauchen einander.

Dabei hilft uns allen das GETMO-Prinzip[51]. Das betont auch Craig Groeschel in seinem Podcast und seinen Vorträgen. GETMO steht für: *Good enough to move on* (dt. »Es ist gut genug, um weiterzugehen«). GETMO entsteht, wenn du mit gutem Zeit- und Krafteinsatz 80 Prozent deines Vorhabens erreicht hast. Um es auf das perfekte Level zu heben, müsstest du für die restlichen 20 Prozent so viel mehr Stunden investieren und kämst trotzdem nicht zur Erledigung deiner anderen Projekte. Es ist gut, die 80 Prozent als Ergebnis zu akzeptieren, um sich selbst und andere nicht zu blockieren.

3. Lächle und vergib!

Vor ein paar Jahren war ich erneut eingeladen, auf einer europäischen Konferenz zu sprechen, auf der ungefähr dreihundert Personen anwesend waren, hauptsächlich männliche Missionsleiter. Sie dauerte drei Tage und in dieser Zeit war niemand wirklich daran interessiert, mit mir zu reden. Man nahm wohl an, ich wäre eine der mitgekommenen Ehefrauen und wäre vielleicht nicht an ihren Themen interessiert. Für mich war diese Situation surreal. Zusätzlich war ich eine der Jüngsten dort. Doch ich war als Rednerin für die letzte Session gebucht. Bis dahin hatte ich versucht, ins Gespräch zu kommen, und mich für die anderen interessiert. Als ich nun an der Reihe war, meinen Talk zu geben, stand ich auf und gab eine richtig gute Präsentation ab. Ich scherze nicht: Nach dieser Veranstaltung standen ungefähr zwanzig Männer in Schlange, um mir ihre Visitenkarten zu geben oder mich etwas zu fragen. Die meisten wollten meine Präsentation erhalten.

Lag es vielleicht an der eher männlichen Denkweise, erst jemanden ernst zu nehmen, wenn er Leistung abgeliefert hat, dass ich erst so spät wahrgenommen wurde? Nach dem Motto: »Erst Leistung, dann Beziehung«? Gefühlsmäßig hätte ich diese Männer am liebsten angeschrien und geschüttelt. Die Situation war unfair. Warum wurde ich nicht vorher schon beachtet?

Natürlich habe ich niemanden angeschrien. Aber in mir hielt ich einen strengen Dialog mit Gott. Er tröstete mich und forderte mich heraus, barmherzig zu sein. Lächeln und Barmherzigkeit walten zu lassen. Das ist Gottes Tipp für mich und dich, dass Erfahrungen wie diese nicht zu bitteren Eiterwunden werden, die langfristig unseren Dienst als Leiterinnen belasten. Und so nahm ich die Visitenkarten, lächelte und erledigte meine Hausaufgaben. Tatsächlich hat diese Konferenz ein paar tolle Kontakte hervorgebracht. Manchmal wird man positiv überrascht!

Es gibt Situationen, in denen Leiterinnen zur Seite gedrängt werden, nicht ernst genommen, verurteilt und ihnen Dinge unterstellt werden. Es ist nicht meine Aufgabe zu richten. Ich bin gefragt, zu vergeben und durch die Türen zu gehen, die Gott mir öffnet. Ich durfte wie Doris Lindsay tatsächlich erleben, dass Leiter nach Jahren auf mich zukamen, um sich bei mir zu entschuldigen.

ICH HABE ERLEBT, DASS SICH LEITER NACH JAHREN BEI MIR ENTSCHULDIGTEN. DAS MACHT MUT!

Im Frühjahr 2021 startete ich meinen neuen Verein *LeadNow*, um mich bewusst in junge Leitende in Europa zu investieren. Ehrengast war George Verwer. Unter anderem machte er uns Mut, bis ans Ende des Lebens mit Jesus zu laufen. Nachdem ich mich bedankt hatte, ergriff er nochmals die Plattform, um sich zu entschuldigen. Mit 83 Jahren würde er so manches im Leben bereuen. Unter anderem täte es ihm sehr leid, Frauen in Leitung nicht verstärkt gefördert zu haben. Das hat im Call etliche Frauen zu Tränen gerührt und mir wurde erst anschließend die Bedeutung bewusst.

Es ist wunderschön, wenn Männer und Frauen sich gegenseitig freisetzen können, ihre Gaben auszuleben. Und es mit einem Lächeln zu tun, hilft immer!

4. Investiere in vertrauensvolle Freundschaften zu Leitenden!

Eine der größten Freuden für mich in Leiterschaft ist es, mit meinen männlichen Leiterfreunden abzuhängen und ein gutes Bier zusammen zu genießen. Sehr oft diskutieren wir Themen, die mich viel mehr interessieren, als mit Menschen zusammen zu sein, die kaum Vision und Leidenschaft haben. Ich habe sehr von wertvollen Freundschaften unter Leitenden profitiert.

Die meiste Zeit waren die Beziehungen total entspannt und es war klar: Wir sind gemeinsame Freunde, die die Welt verändern wollen. Da ging es nicht ums Geschlecht, sondern um gemeinsame Träume und Visionen. Dazu gehört auch, beim Betreten des Raumes nicht erst mal abzuchecken, wie viele Männer und Frauen im Raum sind. Ja, ich mag eine Ausgewogenheit zwischen Männern und Frauen, aber das muss wachsen. Wenn ich einen Raum betrete, bin ich als Erstes auf der Suche nach Leitungskollegen. Und diese Haltung wünsche ich uns allen. Wir halten Ausschau nach Menschen, die mit Gott vorangehen wollen.

5. Sei, wer du bist, und habe Mut, dich weiterzuentwickeln!

Gott allein befähigt und beruft. Ob wir uns in Bewegung setzen, liegt in deiner und meiner Verantwortung. Wir alle müssen für uns selbst die Kontrolle in die Hand nehmen, sonst werden wir fremdbestimmt.

Gemeinsam Leiten: Praxiserfahrungen aus Frauen- und Männersicht

Wie erging es Daniela Mailänder, die schon als junge Frau in Verantwortung berufen wurde und auf unterschiedlichen Ebenen in Deutschland engagiert ist? Was bewegt Boppi, den Leiter von *Campus für Christus*, dass er sich sehr gezielt für die Förderung von Frauen in Leitung engagiert?

Frauen, die leiten, sind Pioniere – Daniela Mailänder über Hürden und Hindernisse, die sie als Frau auf dem Weg zu Leitungsverantwortung nehmen musste, darüber, was Druck auslöst, und Realtalk darüber, was Leitung tatsächlich ist

Daniela ist Leiterin der Fresh-X-Initiative Kirche Kunterbunt, Pioniercoach bei dem Innovationsprogramm M.U.T. der Evangelisch-Lutherischen Kirche in Bayern und im CVJM Landesverband Bayern e. V. Sie ist ebenso Autorin, Sprecherin, Designthinkerin, Theologin, Sozialpädagogin, Bergfreundin, Ehefrau, Mama von drei Kids.

Daniela, was waren zu Beginn als Leiterin besondere Hürden für dich?

Am Anfang meiner hauptamtlichen Tätigkeit bin ich dauernd an Grenzen von Frömmigkeitsformen gestoßen und auch an Strukturgrenzen, die ich nicht kannte. Ich habe so ungefähr jedes Fettnäpfchen mitgenommen. Meine ersten Dienstjahre verbrachte ich mit dem Aufbau einer Jugendkirche in der Evangelisch-Lutherischen Landeskirche in Bayern. Ich war damals – das wurde mir erst danach klar – eine absolute Pionierin. Nur hat mir das niemand gesagt.

Ich war zum Beispiel die Einzige, die mit einer etwas anderen Profession (Theologie an der CVJM-Hochschule) in so einer Rolle arbeitete. Die anderen waren als

ReligionspädagogInnen oder DiakonInnen, PfarrerInnen verbeamtet. Ich war also strukturell schon ein »Sonderling«. Für mich war es auch selbstverständlich, dass ich predigen und Gottesdienste halten werde. Das war aber für meinen damaligen Verband erst mal neu und ich habe eine Prädikantenausbildung »verordnet« bekommen, damit ich die offizielle Beauftragung zur Wortverkündigung und Sakramentsverwaltung haben konnte.
Ich bin auch häufig an sprachliche Grenzen gestoßen: Wie redet man von Gott, dass der andere meine Form der Spiritualität nicht sofort in eine Schublade steckt? Als Frau und Berufseinsteigerin hatte ich oft das Gefühl, nicht ernst genommen zu werden. Das musste ich mir – so war es in meiner Wahrnehmung – zunächst einmal erarbeiten. Ich hatte aber das große Glück, einen großartigen Kollegen zu haben, der mir genügend Freiräume zur Verfügung stellte. Heute würde ich sagen: Ich bin an diesen Hürden größer geworden!

Was hat dir bei der Entwicklung als Frau in Leitung geholfen?
Dass ich jemand habe, der mich bei dieser Entwicklung begleitet. Ich erhalte Coaching von Martina Aschoff. Sie hat mich ermutigt, mit mir meine Rollen reflektiert und begleitet mich bis heute.

Was würdest du Frauen gerne mitgeben, um sie zu ermutigen, ihr Potenzial zu heben?
Du musst dein Potenzial nicht heben. Das setzt nur unter Druck à la »Hol das Beste aus dir raus!«. Das hat bei mir Druck und Stress ausgelöst. Ich finde den Gedanken viel spannender: Wovon träumst du? Was würdest du wirklich gerne machen? Was, wenn nichts dagegensprechen würde? Was berührt dich? Und dann fang klein an – aber fang an! Leitung ist übrigens nicht zu verwechseln mit »Frontfrau« sein. Leitung ist mehr Dienen, mehr Hintergrundarbeit, als man ahnt.

Was hättest du dir von den Männern gewünscht, oder auch: Wo haben sie dich ermutigt?

Ernst genommen zu werden. Gleich behandelt zu werden. Wir brauchen keine Männer, die uns Ladys »gönnerhaft« etwas zuschieben. Wir brauchen Männer, die mit uns auf Augenhöhe leiten. Männer, die uns um Rat fragen. Männer, die bis in die Körperhaltung hinein ausdrücken, dass wir miteinander unterwegs sind. Ich erlebe oft im übertragenen und tatsächlichen Sinne »breite Schultern«. Auf den ersten Blick gibt es dann nur zwei Möglichkeiten: die Lücke suchen oder selbst auch breite Schultern haben. Aber das stimmt nicht: Was, wenn es ein Feld geben würde ohne breite Schultern?

»LEITUNG IST MEHR DIENEN, MEHR HINTERGRUNDARBEIT, ALS MAN AHNT.« – DANIELA MAILÄNDER

Wie hast du für dich die theologische Diskussion rund um Frauen und Leitung gelöst?

Für mich war irgendwann die Frage entscheidend: Wenn Gott mir so eine starke Leidenschaft für Verkündigung und Predigt gegeben hat – warum sollte ich sie nicht leben? Als Tochter des Lichts (Epheser 5) darf ans Licht, was ans Licht möchte.

Gibt es für dich Unterschiede, wie Mann und Frau leiten? Wo liegt der Gewinn, gemeinsam zu leiten?

Frauen leiten mit Intuition (Achtung: Stereotyp!). Deshalb höre ich nicht auf, darüber zu sprechen, wie wichtig Intuition für unsere Werke, Kirchen und Verbände sind. Ich ahne, dass hier mehr Heiliger Geist am Start ist, als wir denken. Männer leiten nüchterner (Achtung: wieder Stereotyp!). Nüchternheit und Intuition gemeinsam sind für mich die beiden Grundeigenschaften, die eine gute Leitung ausmachen!

Es ist großartig zu sehen, wie unterschiedliche Gemeindeverbände und Organisationen daran arbeiten, Frauen eine (größere) Stimme zu geben, diese zu fördern und zu ermutigen. Initiativen finden im kirchlichen und freikirchlichen Sektor neu ihren Platz. Es wird probiert und geprobt. Und dazu braucht es Mut und eine Entscheidung. Hören wir noch einen Mann zum Thema!

Wir müssen gemeinsam ein neues Zeitalter einläuten – Boppi über Chancenungleichheit, die Vision von echter Augenhöhe, darüber, warum wir das Kreuz von Christus für die Lösung brauchen, und wie ihn seine Töchter motivieren, das Thema anzupacken

Andreas »Boppi« Boppart ist Leiter von Campus für Christus im deutschsprachigen Raum und er hat sich dafür entschieden, dass Frauen in seinem Werk bewusst gefördert werden. Aber dafür hat er weit mehr Kritik bekommen als für andere Bereiche, in denen er und sein Werk aktiv sind. Ich fragte ihn, was es für ihn und auch Campus für Christus bedeutet hat, sich für Frauen in Leitung vermehrt zu engagieren.

Als weißer Mann mit theologischer Ausbildung in einer Leitungsfunktion lebe ich in der christlichen Blase auf einem Erfolgsplaneten. Als ich begonnen habe, Kommunikations- und Predigtseminare für Frauen zu geben, wurde mir beim Zuhören ihrer Erfahrungen noch bewusster, wie viele zusätzliche Widerstände und Hürden Frauen zu überwinden haben. Deshalb habe ich mich vor einigen Jahren entschieden, dass ich nicht mehr Teil von Gremien oder Veranstaltungen sein möchte, die ausschließlich von Männern bespielt werden.
Ungerechtigkeit und Chancenungleichheit sind Themen, deren Lösung wir Männer nicht einfach den Frauen überlassen können – wir müssen das gemeinsam

lösen, gemeinsam ein neues Zeitalter einläuten, gemeinsam aufstehen gegen himmelschreiende Missstände und Ungerechtigkeit.

Die Basis sehe ich dafür in der Bibel. Christus hat mit seinem gelebten Evangelium und durch das Kreuz ein wahres Erlösungsfeuerwerk losgetreten. Erlösung, die sich auch auf den durch den Sündenfall entstandenen Beziehungsbruch, dass der Mann über die Frau herrschen wird, erstreckt. Nur scheint das gerade bei uns Christen noch immer nicht überall angekommen zu sein. Es ist schockierend, dass wir in heutigen Zeiten noch immer eine *#metoo*-Bewegung benötigen, die Missstände anprangert, die das Evangelium schon vor zweitausend Jahren zurechtgerückt hätte. Würden wir das versöhnte Miteinander von Frau und Mann und das gemeinsame Gestalten unseres Auftrags in diese Welt hinein dem Evangelium entsprechend auch leben, wäre unser Glauben glaubwürdiger und das Evangelium kraftvoller.

Frauen in meinem Umfeld waren ein wesentlicher Faktor bei meiner eigenen Sensibilisierung in diesem großen Themenfeld. Der erste Schritt beginnt mit Zuhören. Im Bereich Leiterschaft träume ich nicht nur von einem Miteinander von Frauen und Männern auf Augenhöhe, sondern arbeite aktiv an einer Transformation vom System, an Veränderung von Paradigmen und dem Status quo – damit meine vier Töchter einmal fragen werden: »Papa, wir verstehen gar nicht, was euer Problem vor zwanzig Jahren eigentlich war.«

Für uns bei Campus war die Leitung der Frau nie theologisch infrage gestellt, aber in der Praxis fehlen diese Frauen trotzdem. Wir mussten daran arbeiten, dass es verschiedene Modelle für die Mitarbeitenden gibt und diese aktiv und bewusst gewählt werden dürfen. Wir haben uns dazu auf allen Ebenen durchleuchten lassen und daraufhin Dinge umgesetzt. Zum Beispiel Teilzeitstellen für Männer und Frauen (auch in Leitungspositionen), Ermutigung, dass auch Mütter im Berufsleben verankert bleiben können, Sensibilisierung, ein internes Trainingsprogramm für junge Leiterinnen, Weiterbildungsmöglichkeiten und ein transparentes, nicht diskriminierendes Lohnsystem. Ganz praktisch hieß das zum Beispiel, ein Stillzimmer einzurichten oder auch die Möglichkeit einzuräumen, Überstunden in den Schulferien zu kompensieren.

Das Beispiel von *Campus für Christus* macht Mut, dass es Kirchen und Organisationen möglich ist, neu zu denken.

Ich habe mich persönlich viele Jahre dagegen gewehrt, etwas extra für Frauen anzubieten. Weil wir keine andere Rasse sind und weil ich persönlich so gerne mit Männern zusammenarbeite. Aber Gott hat mich die letzten Jahre herausgefordert, mich für die Förderung von jungen Leiterinnen bewusst einzusetzen. Weil ich es selbst so schwer hatte, eine Frau zu finden, die mich in Leitung als Mentorin begleitet, möchte ich das für die nächste Generation ändern. Daraus entwickelte sich 2021 das neue Programm *She leads*, das zehn Monate lang junge Leiterinnen begleitet. Mit neunzehn Frauen haben wir gestartet und es gibt eine Warteliste für das nächste Jahr.[52] Es ist großartig zu sehen, wie *Campus für Christus* miteingestiegen ist. Gemeinsam packen wir es an!

Was könnte dein nächster Schritt sein?

Fragen zur Reflexion

- Wo siehst du die Ergänzung im anderen Geschlecht?
- Wer oder was hindert dich, eine Leitungsaufgabe zu übernehmen?
- Wo müssen in deinem Umfeld Strukturen und Arbeitsumfelder im Hinblick auf Chancenungleichheit in Leitungsfragen von den Beteiligten beleuchtet werden?

Werde aktiv!

- Suche dir Verbündete. Traue dich, um Hilfe zu bitten.
- Investiere in gelingende Feedbackkulturen.
- Suche dir bewusst Leitende vom anderen Geschlecht als Freunde oder zum Connecten, um voneinander zu lernen.

ERST IM RÜCKBLICK
ERKENNEN WIR DIE
BEDEUTUNG VON ZERBRUCH.

Kapitel 11

Die Welt wartet auf dich als Leitenden mit Narben

»Doch ich habe den guten Kampf des Glaubens gekämpft; jetzt ist das Ziel erreicht, und ich bin Gott treu geblieben.«
2. Timotheus 4,7; HFA

Nur wenn wir innehalten und zurückschauen, können wir erkennen, was wir alles erlebt und durchlitten haben, wie Freude und Schmerzen in unserem Leben aussehen. Nur wenn wir durch diese Zeiten hindurchgegangen sind, können wir rückblickend feststellen, welche Bedeutung die erlebten Schmerzen für uns haben. Oft suchen wir im Jetzt nach Erklärungen und Bedeutungen unserer Zerbrochenheit. Sie werden häufig aber erst nach einem Zeitabstand verständlich und gewinnen zunehmend an Klarheit.

DIE WERTVOLLE BEDEUTUNG VON ZERBRUCH ERKENNEN WIR OFT ERST IM RÜCKBLICK.

Während wir uns auf dem gemeinsamen Weg dem Ende nähern, wünsche ich dir, dass du so manche Krise, dein Scheitern und die damit verbundenen Schmerzen anders einordnen kannst. Hoffentlich hast du auch ein Stück weit Heilung beim Lesen und Bearbeiten erleben dürfen und realisierst, dass deine Schmerzen und Narben dich nicht definieren. Haben sie nicht und werden sie nicht!

Die Welt, in der wir leben, wartet auf dich und mich *mit* unseren Narben. In Verantwortung zu stehen, verhindert Schmerzen nicht. Ganz im Gegenteil. Viele kommen gerade dadurch in unser Leben. Dabei warten auf uns auch immer Gottes Zuspruch und Heilung, um mit vollem Herzblut weiter zu leiten, gerade mit unseren Narben, und so in weiteren herausfordernden Situationen vorbereiteter und mit gewachsenem Vertrauen zu stehen, dass Gott immer da ist.

Auch die Menschen aus der Bibel, die wir angeschaut haben, haben oft erst am Ende ihres Lebens oder nach dem Durchschreiten ihres dunklen Tals gewusst, warum ihnen schmerzliche Dinge widerfahren sind. Als zum Beispiel Josef seinen Brüdern schlussendlich in Person begegnete, war er nicht mehr in der Schmerzfalle gefangen, sondern hatte die dunkelsten Täler seines Lebens hinter sich gelassen und war an einem Ort der Freiheit angekommen. Er beschreibt es so:

> Aber macht euch deswegen keine Vorwürfe. Gott selbst hat mich vor euch her geschickt, um euer Leben zu retten. ... Gott hatte mich vor euch her geschickt, damit er euch auf wunderbare Art und Weise am Leben erhält und einige von euch übrig bleiben.
>
> *1. Mose 45,5-8*

Durch Krisen hindurchzugehen, hilft, andere in ihren Krisen zu unterstützen. Genau das tat Josef. Am Anfang erinnerte er seine Brüder daran, dass sie ihn verkauft hatten, aber im Verlauf sagte er dreimal: »Gott hat mich selbst hierhergeschickt.« Seine Perspektive auf die Erlebnisse und sein Verhalten gegenüber seinen Brüdern änderten sich durch eine neu gewonnene Gotteserkenntnis. Josef mit seinen Narben wurde zum Leiter und Segensbringer für viele. Wenn man die Geschichte im 1. Buch Mose in den Kapiteln 37 bis 45 liest, merkt man, wie ein großer Sinneswechsel bei Josef stattfand. Das ist die Kraft der Veränderung, die wir erleben können, wenn wir mit Gott durch die großen Krisen des Lebens und Leitens gehen.[53]

Was siehst du, wenn du zurückschaust?

Wenn ich innehalte und zurückschaue, sehe ich in meinem Leben Dinge, die ich zuvor nicht sehen konnte: wie der Jobverlust mir geholfen hat, mich verstärkt in junge Leitende in Europa und sogar weltweit zu investieren; wo Gott mich in der Sackgasse auf neue, bisher unbekannte Wege geführt hat; wo der Verlust von Position und Rolle mich gezwungen hat, Gott neu und vertieft an meiner Identität arbeiten zu lassen.

An der Oberfläche schien es mir damals so, dass meine Lebenskraft geschwächt wurde, aber leise und großzügig wurden die Samen neuen Lebens ausgesät. Gottes Kraft ist größer als alle unsere Verletzungen und Narben. Denke daran, Menschen fällen Entscheidungen, aber Gott leitet das Geschick (Sprüche 16,9). Unser Leben liegt nicht in den Händen von Menschen mit ihren oft zu kurz gedachten und selbstsüchtigen Agenden, sondern in den Händen Gottes, der schon am Anfang das Ende im Blick hat. Er ist niemals überrascht über das, was Menschen tun mögen.

Dieser Gott hat dein Leben und deine Verantwortung in seiner Hand. Was er in dir angefangen hat, wird er auch vollenden – auf seine Art! Dies ist sein Zuspruch in Philipper 1,6: »Ich bin ganz sicher, dass Gott, der sein gutes Werk in euch angefangen hat, damit weitermachen und es vollenden wird bis zu dem Tag, an dem Christus Jesus wiederkommt.« Das gilt auch für alle Bereiche, in denen wir als Leitende Verantwortung übernehmen. Gottes Plan ist oft viel größer, als wir denken. Der Glaube hilft uns dabei, diesen Plan zu erkennen und daraufhin konsequent Schritte zu gehen. Meistens in eine unbekannte Zukunft. Aber wir gehen mit Gott, der unsere Vergangenheit, Gegenwart und Zukunft kennt.

Loslassen lohnt sich – Sabine Schnabowitz über Gott als einzige Sicherheit in Leben und Dienst und über die Kraft des Loslassens

Gott hat Sabine Schnabowitz auf einem missionarischen Straßeneinsatz gezeigt, dass der obdachlose und drogenabhängige Mann, der mit dem Rücken zu ihr gekehrt saß, einmal ihr Mann werden würde. Und so kam es auch. Gott begegnete Pascal, die beiden heirateten und bauten gemeinsam eine Arbeit mit dem CVJM in Görlitz auf. Nach nur anderthalb Jahren Ehe verstarb Sabines Mann. Wie hat Sabine in dieser Situation Gott erlebt und wie ging sie mit diesem herben Verlust um?

Ich hatte schon als Vierjährige eine große Sehnsucht nach Gott und es zog mich in die Kirche. Mit fünfzehn Jahren kam ich auf einer Schülerfreizeit der SMD zum Glauben an Jesus Christus und es wurde eine lebensverändernde Erfahrung.
Ich war dankbar für dieses wunderbare Geschenk und meine Berufung. Es mit anderen zu teilen, war mir seitdem immer klar. Ich ließ mich nach dem Abitur an der *Evangelistenschule Johanneum* ausbilden. In dieser Zeit lernte ich meinen damaligen Mann Pascal kennen: bei einem Straßeneinsatz und einer wunderbaren Bekehrungsgeschichte.
In Sachsen bauten wir dann eine diakonische Arbeit auf. Besonders Pascal hatte einen Draht zu den hartgesottenen Jugendlichen. Seine Geschichte öffnete ihm Herzenstüren. Nach siebzehn Jahren Leben auf der Straße holte er seinen Haupt-

schulabschluss nach und ging mutig Schritte nach vorne. Wir führten neben der gemeinsamen Arbeit und dem Dienst ein recht »normales« Leben auf dem Dorf. Pascal wurde jedoch von seiner Vergangenheit eingeholt und er kämpfte mit vielen Ängsten. Ihm wurde vorgeschlagen, eine richtige Therapie zu machen, um in Ruhe Dinge aus seinem Leben aufzuarbeiten. Auf dem Weg dorthin fuhr er über Wuppertal. Er war bei Freunden auf einer Geburtstagsfeier eingeladen. Dort wurden ihm auf der Straße Drogen angeboten, die er in seinem labilen Zustand auch nahm. Das Heroin war jedoch vergiftet und mit ihm starben vier weitere junge Leute in jener Nacht in Wuppertal. Nach nur anderthalb Jahren gemeinsamer Ehe war ich mit 26 Jahren Witwe.

Obwohl es ein Riesenschock war, war ich auch irgendwie innerlich darauf vorbereitet. Ich merkte, wie Pascal mit dem Leben kämpfte und um innere Heilung rang. In dieser Zeit redete ich viel mit Gott darüber und bat ihn, Pascal aus seinen Ängsten zu befreien. Vielleicht war der Tod der einzige Weg? Der Himmel war mir nun näher als zuvor. Ich sah beinahe täglich einen Regenbogen und spürte Gottes Gegenwart auf eine neue Weise.

Aber das Leben musste weitergehen. Vier weitere Jahre investierte ich mich in die Jugendlichen vor Ort und dann spürte ich im Januar 2011, dass etwas Neues kommen würde, auch in einem neuen Land. Ich war bis dahin wenig gereist und sah mich selbst nicht als große Abenteurerin. Im Februar 2011 begleitete ich dann eher spontan meine Oma bei einem Urlaub in der Türkei. An einem Nachmittag bei einem Spaziergang am Strand sammelte ich Muscheln für die alten Damen im Hotel. Ich hatte schon beide Hände voll, da bemerkte ich eine ganz besondere, in der Sonne glitzernde Muschel. Um die aber aufheben zu können, hätte ich die anderen Muscheln wieder ablegen müssen. Ich merkte, wie Gott zu mir sagte: »Lass das los, was du bisher alles angesammelt hast, ich möchte dir etwas Neues geben!« Ich legte die Muscheln also ab und fragte Jesus: »Was soll ich denn loslassen? Um was geht es dir denn?« Er antwortete: »Lass los, was du in Deutschland angesammelt hast, und komm in die Türkei!«

Ich hatte keine Ahnung, was das für mich bedeuten würde. Am gleichen Abend lernte ich dann Helfer des Europäischen Freiwilligendienstes kennen, die im

gleichen Hotel ihr Seminar durchführten, in dem ich und meine Oma wohnten. Im Gespräch ermutigten sie mich, doch auch mal an so einem Freiwilligendienst teilzunehmen. Erst hatte ich Vorbehalte, aber zurück in Deutschland schaute ich mir das Programm näher an und bewarb mich auf ein Projekt im Osten der Türkei. Gerade mal dreißig Minuten später erhielt ich die Zusage.
Die ersten 1,5 Jahre lebte ich in dem türkischen Ort an der syrischen Grenze ein relativ beschauliches Leben und arbeitete auch dort mit Jugendlichen. Doch weil immer mehr Menschen aus Syrien in diese Stadt flohen, legte mir Gott aufs Herz, eine Schule für die syrischen Kinder zu starten. Innerhalb von fünf Jahren entwickelte sich aus der Idee und 25 Flüchtlingskindern ein Projekt mit 420 syrischen Schülern. Dazwischen hatte ich immer wieder Probleme mit meiner Aufenthaltsgenehmigung und Einreise in die Türkei, landete auf einer Art Terroristenliste und musste mich immer wieder neu entscheiden, ob ich Angst überwinden und das Risiko eingehen möchte, um diesem von Gott geschenkten Projekt weiterzudienen. Auch kulturell galt es immer wieder, innere Hürden zu durchbrechen und manches auszuhalten. Aber es hat sich gelohnt.

Alle drei Monate ist Sabine in den nächsten Jahren bis einschließlich 2018 immer wieder ein- und ausgereist. Jedes Mal gab es dabei große Schwierigkeiten und lange Verhöre. Für die syrischen Kinder nahm Sabine das gerne in Kauf. Während eines Deutschlandaufenthaltes wurde ihre syrische Schule nach fünfeinhalb Jahren mit siebzehn Angestellten gewaltsam aufgelöst und ihr Herzensprojekt geschlossen. Seit 2018 lebt Sabine wieder ganz in Deutschland und ist mit einem iranischen Geflüchteten verheiratet. Neben dem Muttersein baut sie unter dem Dach des CVJM ein neues Schulprojekt in Syrien auf, mit syrischen Freunden, mit denen sie zuvor in der Türkei gearbeitet hat.

Eine verrückte Geschichte! Wenn man Sabine so zuhört, hat man fast den Eindruck, Teil eines Krimis zu sein. Das ist eine Geschichte, die nur Gott schreiben kann, wenn wir bereit sind, ihm nachzufolgen, egal, was es uns kostet. Der einzig stabile Faktor in Sabines Leben ist Gott. Wenn du mehr über ihr abenteuerliches Schulprojekt in der Türkei lesen möchtest, halte Ausschau nach ihrem ersten Buch.

Auch dieses Zeugnis zeigt wieder, wie schon das von Jörg Ahlbrecht und den anderen: Persönliches Leben und Leiterschaft gehen immer Hand in Hand. Sabine hat krasse Situationen in ihrem Leben durchlebt und durchlitten. Gefühlt ist es fast zu viel für ein Menschenleben. Im Leben und Dienst hat sie manche Verletzungen erlitten und trägt so manche Narbe am Herzen. Diese Narben wurden aber zu einem großen Segen für viele Menschen. Im Gottvertrauen geht sie ihren Weg bis heute, schaut mit großer Dankbarkeit und Demut zurück und ist begeistert, wie Gott sie durch alles hindurchgetragen hat und es bis heute tut. Sie sagte im Gespräch zu mir: »Lieber Schweres erleben, aber das mit Gott, als dass alles glattläuft, und ich erlebe Gott nicht mehr.«

»LIEBER SCHWERES ERLEBEN, ABER DAS MIT GOTT, ALS DASS ALLES GLATTLÄUFT, UND ICH ERLEBE GOTT NICHT MEHR.«
– SABINE SCHNABOWITZ

Ein Herz der Dankbarkeit

Ein großer Teil dieses Buches handelte wie in Sabines Geschichte von dem Umgang mit Schmerzen, die Menschen erlitten, und wie sie dadurch stärker wurden. Einen Fokus haben wir immer auf Schmerzen in Bezug auf Leiterschaft gesetzt. Aber auch gesehen, dass alle Wunden und Krisen, die wir erleben, uns immer ganzheitlich als Menschen betreffen. Wir sind nicht nur eine unserer Aufgaben oder Rollen. Ein guter Umgang mit Schmerz ist elementar, um Heilung zu erfahren. Wenn wir auf alle Situationen, traurige wie schöne, mit tiefer Dankbarkeit schauen können, erleben wir, wie Wunden heilen und unsere Schmerztoleranz größer wird.

Ein Herz der Dankbarkeit ist eine wichtige Antwort auf die Großzügigkeit und Freundlichkeit Gottes, die wir immer wieder erfahren dürfen. Der Psychologe Larry Crabb schreibt in seinem Buch *Finding God*, dass viele von uns denken, Gott wäre ein besonders aufmerksamer Kellner. Wenn er uns einen guten Rat gibt, geben wir ihm ein gutes Trinkgeld. Wenn wir nicht bekommen, was wir erwartet haben, beschweren wir uns.[54]

Als Leitende sind wir aufgefordert, dem Schöpfer des Universums zu vertrauen, dass er am besten weiß, wie etwas zusammenhängt und funktioniert. Indem wir Gott für seine Liebe, Kraft und Weisheit danken – egal, wie und wohin er uns führen wird –, erneuert das unsere Hoffnung, macht unsere Lasten leichter und schenkt uns ein resilientes Herz. Wenn unser Anspruchsdenken verschwindet, sehen wir all die Gaben und den Segen Gottes mit anderen Augen.

Als Leitende sind wir sichtbar. Menschen um dich herum saugen deine Werte über das Leben und den Umgang mit Schmerzen auf. Dein Ehepartner, deine Kinder, deine Freunde, dein Team, deine Gemeindemitglieder, deine Nachbarn und dein Umfeld beobachten dich bewusst und unbewusst, wie du mit Schmerzen umgehst, die das Leben und deine Leiterschaft dir zufügen. Für sie bist du wie ein Leuchtturm, wie ein Posten der Hoffnung – nicht perfekt, aber voll ehrlicher Hoffnung, dass ein Normalsterblicher viel Leid ertragen kann und aus dem Leid mit mehr Freude, Liebe und Lebenszielsetzung herauskommt.

DANKBARKEIT ERNEUERT HOFFNUNG, MACHT LASTEN LEICHTER UND SCHENKT UNS EIN RESILIENTES HERZ.

Wir brauchen dringend solche Menschen mit dieser Art von Hoffnung, die *mit* ihren Narben leiten. Der Weg durch den Sturm, durch Situationen, die uns Narben bescheren werden, mag dunkel und verwirrend sein. Aber wir können diesem Gott vertrauen, der mit uns ist, unsere Hand hält, selbst wenn wir nicht seine Gegenwart spüren. Und der uns durch Leiterschaft gebrauchen möchte, diese ewige Hoffnung weiterzugeben.

Lass los

Gott ist ein Gott, der alle Menschen liebt. Er liebt die Verwundeten wie die, die andere verwunden. Er ist ein Gott der zweiten Chance – und der dritten und der vierten! Um die vollständige Heilung durch seine Liebe zu erfahren, musst du die Tür zu deiner Vergangenheit schließen. Schließen heißt nicht vergessen, aber etwas abschließen.

Liebe Verwundete, lieber Verwundeter, es ist an der Zeit, die Tür hinter dir zuzumachen. Lass nicht deine schmerzhaften Erinnerungen an Misshandlungen, negative Worte, an Wunden der Eifersucht und Heuchelei, der Täuschung und der Unehrlichkeit, des Geredes und der Gemeinheit, der Unfreundlichkeit, Rüpelhaftigkeit, von Stolz und Selbstsucht, Ungerechtigkeit und Unfairness der Menschen aus deiner Vergangenheit in deine Gegenwart schlüpfen! Lass nicht zu, dass dir erlebte Schmerzen Gottes Verheißung des Segens und der Hoffnung für deine Zukunft nehmen. Hindere die Erinnerungen daran, dass du bis an dein Lebensende auf sie zurückblicken musst und merkst, dass du dein Leben damit verschwendet hast und in diesen Bereichen verkümmern ließest. Sei mutig. Weigere dich nicht, die Tür hinter diesen Erfahrungen zu schließen.

Ja, Schmerzen und ihre Ursachen und Verursacher ganz loszulassen, das ist ein großer Schritt. Mich ermutigt zu diesem Schritt immer wieder, was die Tochter von Billy Graham, Anne Graham

Lotz, in ihrem Buch *Wounded by God's people*[55] schreibt. Deswegen teile ich es hier mit dir:

> Lass die Vergangenheit los, so dass du dich nach vorne ausrichten kannst in das hinein, was Gott für dich vorbereitet hat.
> Lass deinen Groll los über die Behandlung, die du erfahren hast.
> Lass deine Bitterkeit los denen gegenüber, die dir Gott falsch dargestellt haben.
> Lass dein Unvergeben los denen gegenüber, die dich verletzt haben.
> Lass dein verhärtetes Herz los denen gegenüber, die dich abgelehnt haben.
> Lass deinen überwältigenden Wunsch los, dich über dein Tun zu rechtfertigen und zu erklären, was andere dir angetan haben.
> Lass deinen rachsüchtigen Geist los.
> Lass deine Beleidigung Gott gegenüber los, weil er erlaubt hat, dass du verwundet wurdest.
> Lass es einfach alles los!
> *Anne Graham Lotz*

Um nach vorne starten zu können, müssen wir loslassen. Das Gestern loslassen. Platz für etwas Neues schaffen. Gott ruft dich heute. So wie er Elia oder auch Hagar in der Wüste begegnet ist und ihnen zugeflüstert hat: »Hab keine Angst, ich kenne dich und kümmere mich um dich!« Gott hat einen großartigen Plan für dein Leben. Lass die Vergangenheit ruhen und heiße die Zukunft mit Gott willkommen, auch wenn sie vielleicht anders sein wird, als du ursprünglich dachtest.

Bist du dankbar für deine Narben?

Zum Abschluss habe ich für dich ein Lied von *I am They* herausgesucht, das den Titel *Scars* (dt. Narben) trägt.[56] Es ist ein Lied, das Gott zugesungen wird. Höre es dir doch auf YouTube an und lass die Worte wirken. Hier sind einige Zeilen daraus, auf Deutsch übersetzt:

Ich wache zu einem neuen Sonnenaufgang auf
Ich schaue ihn jetzt von der anderen Seite aus an
Ich kann jetzt alles mit geöffneten Augen sehen

Dunkelste Wasser und tiefster Schmerz
Ich würde es für nichts eintauschen
Denn die Zerbrochenheit hat mich zu dir gebracht
Und diese Wunden sind eine Geschichte, die du gebrauchen wirst

Also bin ich für diese Narben dankbar
Ohne sie würde ich nicht dein Herz kennen
Und ich weiß, sie werden mir immer davon erzählen, wer du bist
Ich werde für immer für diese Narben dankbar sein

Jetzt stehe ich im Vertrauen
Mit der Kraft deiner Treue
Ich bin nicht mehr derjenige, der ich vorher war
Ich muss mich vor nichts mehr fürchten

Ich kann sehen, ich kann sehen
Wie du mich befreit hast
In deinen Händen, in deinen Füßen
Habe ich meinen Sieg gefunden

Ich bin Jesus sehr dankbar für *seine* Narben. Ich bin Jesus auch sehr dankbar für *meine* Narben. Sie haben mich näher an sein Herz gezogen.

Deshalb: Herzlichen Glückwunsch zu deinen Narben! Trage sie mit Würde! Sie sind dir zum Segen gesetzt und werden darum anderen zum Segen werden!

Fragen zur Reflexion

- Wo hast du deine Schmerzen noch nicht losgelassen?
- Bist du bereit, die Tür hinter deinen schmerzlichen Erinnerungen zu schließen?
- Was braucht es dazu konkret von dir heute?
- Wie hat sich dein Herz beim Lesen dieses Buches verändert?

Werde aktiv!

- Schreibe dir konkret auf, warum du für Jesu Narben dankbar bist.
- Wenn du zurückschaust: Wo hast du Gottes Gnade und Größe bisher erlebt? Schreibe eine Dankbarkeits-Liste und danke Gott im Gebet.
- Welche weiteren Schritte möchtest du nach diesem Buch gehen?

Danke

Ich sage von Herzen Danke!

Es ist mir nicht leichtgefallen, dieses Buch zu schreiben. Während ich überlegte, welche meiner Leitungs- und Lebenserfahrungen ich mit dir teilen möchte, hat mich Jesus auch an manche eigene Wunde und Narbe erinnert, die ich vergessen hatte.

Unterschiedliche Menschen sind mir eingefallen, die ich verwundet habe oder die mich verwundeten. Jede dieser Situationen konnte ich erneut Jesus hinlegen. Dieses Buch zu schreiben hat auch mir in mancherlei Hinsicht Heilung und einen inneren Abschied geschenkt. Leiterschaft ist eine Reise, und um ehrlich zu sein, dauert diese ein ganzes Leben lang.

Gott lehrt mich kontinuierlich, aus seiner Vergebung zu leben und anderen zu vergeben. In seiner unendlichen Treue hat er mir Menschen ins Leben gestellt, die mich immer wieder ermutigen, auch in diesem Schreibprozess für mein erstes Buch. Dafür bin ich unendlich dankbar, denn ich habe beim Schreiben auch mit Unsicherheiten und Selbstzweifeln gekämpft – und immer wieder tolle Ermutigungen erhalten.

Es gibt leider nicht genügend Platz, allen Menschen zu danken, die mir wichtig sind, aber einige von ihnen möchte ich dennoch erwähnen.

Schon sehr früh habe ich mitbekommen, wie Menschen unabhängig von ihrer Herkunft und ihrem Geschlecht ihr gesamtes Potenzial entfalten konnten und damit auch Leitung innerhalb der Kirche wahrnehmen. Ich bin meinen Eltern sehr dankbar für diese Prägung und hatte besonders in meinem Vater ein sehr inspirierendes Leitungsvorbild.

Ich danke herzlich meinen sieben Geschwistern. Zusammen mit meiner Zwillingsschwester durfte ich mit sechs jüngeren Geschwistern aufwachsen und früh erste Leitungserfahrung sammeln. Es hatte vielleicht manchmal den Anschein einer Dompteurin, aber wir sind wundervoll zusammengewachsen, stehen füreinander ein und ich darf erleben, wie ihr selbst alle fröhlich Führungsverantwortung wahrnehmt. Ich feuere euch weiterhin an. Euch, eure Ehepartner und besonders meine fantastischen Nichten und Neffen: Charleen und Shayenne, Josi und Noah, Jannik, Emmelie, Marie und Elias; Dana, Nele, Romy und Timo sowie Emily und Thea. Ich liebe euch!

Ich bin so dankbar für die große Zahl von Leitungspersonen, denen ich bisher begegnen durfte. Die meisten von euch haben mich positiv und nachhaltig beeinflusst. Etliche haben mich direkt oder indirekt ermutigt, mein Potenzial zu entfalten, und in all den Herausforderungen, die ich bisher meisterte, habt ihr einen wesentlichen Anteil, dass ich weitergemacht habe. Besonders Bob Moffett, meinem Mentor, werde ich für immer dankbar sein, mich durch meine größte Leitungskrise hindurchgetragen und ertragen zu haben. Ich weiß nicht, ob ich sonst heute noch Verantwortung tragen würde.

Ebenso bin ich meinem Alu-Chef Dr. Jörg Prepeneit so dankbar. Insgesamt achtzehn Jahre habe ich für diese Aluminiumfirma gearbeitet und ich hätte mir keinen besseren Chef wünschen können. Ich habe viel von ihm gelernt. Er geht als einer meiner liebsten Leiter und Vorbilder in die Geschichte ein.

Ich danke allen Menschen, die mir ihre Geschichten für dieses Buch anvertraut haben. Danke vielmals für euer Herz, eure Ehrlichkeit und eure Gedanken, mit Schmerzen in Leiterschaft umzugehen.

Dass der SCM Verlag das Wagnis mit mir eingeht, mein erstes Buch zu verlegen, freut mich sehr. Als Ulrich Eggers mir sagte: »Evi, es wird Zeit, dass du mal wieder von einem 3-Meter-Brett springst!«, war ich sehr zögerlich. Du hast mich zum Springen gebracht, Uli. Danke vielmals, Annalena Pabst, für deine kompetente Begleitung.

Danke auch an die tollen Menschen, die bereit waren, mein Buch oder auch Kapitel vorab zu lesen, zu kommentieren, zu ergänzen. Kirsy, Jörg, Nancy, Hildegund, Claudia, Esther – ich danke euch sehr!

Ich danke am allermeisten meinem liebsten Freund Jesus Christus, dem ich als Zehnjährige auf einem Kongress bewusst gesagt habe, mit ihm leben zu wollen. Ihm nachzufolgen, wo immer er mich hinführen wird. Niemals hätte ich gedacht, dass das Leben mit ihm zum größten Abenteuer wird. DANKE!

Lesetipps für Leitende

Bücher, die nur auf Englisch erschienen sind

Allender, Dan: Leading with a limp. Colorado Springs/CO: WaterBrook 2008.

Andrews, John: Beyond Broken. Finding Power in the Pain. River Publishing & Media Ltd 2017.

Biehl, Bobb: Decade by Decade. Maximizing This Phase of Your Life. Aylen Publishing 2019.

Cole, Kadi: Developing female leaders. Nashville/TN: Thomas Nelson 2019.

Coleman, Kate: 7 deadly sins of women in leadership. Grand Rapids/MI: Zondervan 2021.

Crabb, Larry: Finding God. Grand Rapids/MI: Zondervan 1993.

Fernando, Ajith: The Call to Joy and Pain. Wheaton/IL: Crossway Books 2007.

Graham Lotz, Anne: Wounded by God´s people. Grand Rapids/MI: Zondervan 2013.

Keller, Timothy: Walking with God through pain and suffering. New York City: Viking 2013.

Maxwell, John: Developing the Leader Within You. Nashville/TN: Thomas Nelson 2004.

Maxwell, John: Failing Forward. Nashville/TN: Thomas Nelson 2012.

Maxwell, John: The 360 Degree Leader. Developing your Influence from Anywhere in the Organization. Nashville/TN: HarperCollins Leadership 2011.

Rohr, Richard: Adam's Return. New York City: Crossroad Publishing 2004.
Trebesch, Shelley: Isolation. A place of transformation in the life of a leader. Auckland/NZ: Vistagroup Consulting 1997.

Deutsche Bücher

Clinton, Robert: Der Werdegang eines Leiters. profibooks 2006.
Covey, Stephen: Die 7 Wege zur Effektivität. Prinzipien für persönlichen und beruflichen Erfolg. Offenbach am Main: Gabal 2018 (57. überarbeitete Auflage).
Faix, Tobias; Wiedekind, Anke: Mentoring – Das Praxisbuch. Geistliche Begleitung in Glaube und Leben. Neukirchen-Vluyn: Neukirchener Aussaat 2010.
Faix, Tobias; Krämer, Carolin: Gemeinsam Gemeinde gestalten. Jugendliches Potenzial entdecken und miteinander zukunftsfähig werden – Mit Mentoringkonzept für die ganze Gemeinde. Neukirchen-Vluyn: Neukirchener Verlag 2020.
Foyle, Marjory: Gestresst, verletzt und ausgebrannt. Risiken und Nebenwirkungen des vollzeitlichen Dienstes. Basel: Brunnen Verlag 1995.
Halik, Tomas: Berühre die Wunden. Über Leid, Vertrauen und die Kunst der Verwandlung. Freiburg/Breisgau: Herder Verlag 2013.
Härry, Thomas: Die Kunst, sich selbst zu führen. Witten: SCM R.Brockhaus 2015.
Hohn-Morisch, Ludger: Für jeden Tag ein gutes Wort, Freiburg/Breisgau: Herder Verlag 2002.
Kaufmann, Hans-Bernhard: Am Scheitern glauben und leben lernen. Neukirchen-Vluyn: Neukirchener Aussaat 1987.

Keller, Timothy: Gott im Leid begegnen. Basel: Brunnen Verlag 2021.

Knieling, Reiner: Mit Scheitern leben lernen. Auf dem Weg zu einem lebendigen Glauben. Neukirchen-Vluyn: Neukirchener Verlag 2006.

Mailänder, Daniela: Herzheimat. Dort ankommen, wo Gott auf dich wartet. Witten: SCM R.Brockhaus 2018.

Nieuwhof, Carey: Eisberg voraus. 7 Herausforderungen, die uns kalt erwischen, obwohl sie zu erwarten sind. Marburg: Francke Verlag 2021.

Scazzero, Peter: Emotional gesund leiten. Was Sie stark macht für Gemeinde und Beruf. Basel: Brunnen Verlag 2020.

Anmerkungen

1 Die Zitate aus englischsprachiger Literatur wurden von der Autorin ins Deutsche übersetzt. Online-Quellen wurden zuletzt aufgerufen am 29.09.2021.
Podcast von Craig Groeschel am 26.03.2020: Leading through crisis, URL: https://www.youtube.com/watch?v=6Qgys-h0PP0

2 Samuel R. Chand: Leadership Pain. The Classroom for Growth. Nashville/TN: Thomas Nelson 2015, S. 92.

3 Ebd., S. 5.

4 Vgl. ebd., S. 189.

5 Vgl. Dr. Michael Oh, zitiert in: ebd.

6 Ebd., S. 5.

7 Dan Allender: Leading with a limp. Colorado Springs/CO: WaterBrook 2008, S. 2.

8 Bob Moffett an der Gründungsveranstaltung des Vereins LeadNow e.V. am 19. April 2021.

9 Vgl. URL: https://cnewa.org/egyptian-christians-are-made-of-steel-53591/

10 Viele Jahre hatte ich mit diesem Mann seitdem keinen Kontakt, aber dank Facebook haben wir uns 2020 wiedergefunden. Leider hat er in dem Land, in dem er jetzt lebt, keine Christen um sich, sodass er als Muslim sein Leben gestaltet. Aber auch jetzt: Gott ist souverän.

11 Ajith Fernando: Embracing Suffering In Service. Lausanne Movement, URL: https://lausanne.org/content/embracing-suffering-in-service

12 Dietrich Bonhoeffer: Von guten Mächten, Strophe 3. Aus: ders.: Widerstand und Ergebung. Briefe und Aufzeichnungen aus der Haft. Gütersloh: Gütersloher Verlagshaus [19]2008, S. 218.

13 Mehr Infos zu Doris Lindsay findet ihr auf ihrer Webseite www.lindsays.ch und auf ihrem Leitungsblog www.morethanpretty.net. Mehr Infos zu Hope-Town findet ihr hier: www.hopetown-network.com

14 Vgl. URL: https://godtv.com/true-story-behind-the-hymn-i-have-decided-to-follow-jesus/

15 Saulus trug als Zweitnamen den römischen Namen Paulus (Apostelgeschichte 13,9).

16 Billy Kennedy: 7 reasons why so many church leaders are having breakdowns or deconstructing their faith, URL: https://www.premierchristianity.com/home/7-reasons-why-so-many-church-leaders-are-having-breakdowns-or-deconstructing-their-faith/596.article

17 Rut und Rahab beispielsweise, die beide keine Jüdinnen waren. Details findest du in Matthäus 1,1-17.

18 Kimberly Henderson: Proverbs 31 Ministries, URL: https://crossroadsframingham.com/blog/i-would-have/

19 Dr. J. Robert Clinton: Der Werdegang eines Leiters. Lektionen und Stufen in der Entwicklung zur Leiterschaft. Profibooks, S. 10.

20 Weitere Infos zu Sabine Fürbringer unter www.campus-we.ch oder www.fuerbringerberatung.ch

21 Vgl. Daniela Mailänder: Herzheimat. Dort ankommen, wo Gott auf dich wartet. Witten: SCM R.Brockhaus 2018, S. 15.

22 Allender, S. 29-36.

23 URL: https://www.goodreads.com/author/quotes/5310960.Phileena_Heuertz_and_Darren_Prince

24 Gretchen Rubin: Outer Order, Inner Calm. Declutter & Organize to Make More Room for Happiness. London: Two Roads 2019.

25 John C. Maxwell: Developing The Leader Within You. Rutledge Hill Press 2000.

26 Zum Download hier: https://www.leadnow.center/wp-content/uploads/2021/07/Fuenf-Hauptaufgaben-eines-Leiters_Fragebogen_Final_Update.doc

27 William A. Cohen: Drucker on Leadership. New Lessons from the Father of Modern Management. New York: John Wiley and Sons, S. 4.

28 Das Buch ist auf Deutsch erschienen unter dem Titel: Gestresst, verletzt und ausgebrannt. Risiken und Nebenwirkungen des vollzeitlichen Dienstes. Gießen: Brunnen Verlag 1999.

29 URL: https://www.life.church/leadershippodcast/q-a-lysa-terkeurst-how-to-lead-through-pain/

30 URL: https://www.leadershipjournal.de/zitate-fuehrung/2/

31 Vgl. Kate Coleman: 7 Deadly Sins of Women in Leadership. Overcome Self-Defeating Behaviour in Work and Ministry. Next Leadership Publishing 2010, S. 158.

32 Vgl. Thomas Härry: Von der Kunst, sich selbst zu führen. Witten: SCM R.Brockhaus 2015, S. 21.

33 Ebd., S. 21.

34 Vgl. ebd., S. 73-77.

35 Vgl. Clinton: Der Werdegang eines Leiters.

36 URL: https://www.youtube.com/watch?v=nyznQn1ZpPg

37 URL: https://www.evangeliums.net/zitate/corrie_ten_boom_seite_5.html

38 Richard Rohr: Grieving as Sacret Space, URL: http://www.jmm.org.au/articles/1266.htm

39 URL: https://transformationalpresence.org/alan-seale-blog/liminal-space-embracing-mystery-power-transition-will-2/

40 Tomas Halik: Berühre die Wunden. Über Leid, Vertrauen und die Kunst der Verwandlung. Freiburg/Breisgau: Herder Verlag, S. 237.

41 Henri J.M. Nouwen: Leben hier und jetzt. Jahreslesebuch. Freiburg/Breisgau: Herder Verlag [4]2000, S. 15.

42 Stephen R. Covey: Die 7 Wege zur Effektivität. Prinzipien für persönlichen und beruflichen Erfolg, S. 101.

43 Auch Thomas Härry beschreibt das in seinem Buch: Die Kunst, sich selbst zu führen.

44 Er hat das in einem Vortrag bei der »Lausanne Europe Conversation« im April 2021 in seinem Vortrag erwähnt. Nachzuhören unter: https://www.lausanneeurope.org/de/april-2021/

45 Vgl. Referenz zu dem Buch von Herbst und Härry.

46 URL: https://www.azquotes.com/author/2851-Clayton_Christensen

47 Diese Umfrage haben wir im November 2019 durchgeführt. Ergebnisse sind hier einzusehen: https://evirodemann.com/2019/11/27/umfrage-ergebnisse-junge-frauen-in-verantwortung/

48 Kadi Cole: Developing female leaders. Nashville/TN: Thomas Nelson 2019, S. 13.

49 Cole, S. 49.

50 Vgl. ebd., S. 62.

51 URL: https://openblog.life.church/gls19-day-1-craig-groeschel-getmo/

52 www.leadnow.center/sheleads/

53 Für die, die hier tiefer einsteigen wollen, empfehle ich das Buch von John Andrews: Beyond broken. Finding power in the pain.

54 Larry Crabb: Finding God. Grand Rapids/MI: Zondervan 1993, S. 18.

55 Anne Graham Lotz: Wounded by God´s people. Grand Rapids/MI: Zondervan 2013, S. 222.

56 Liedtext frei übersetzt; anhören kannst du das Lied »Scars« von »I am Clay« hier: https://www.youtube.com/watch?v=OqjGT9BSyJA (letzter Zugriff: 01.09.2021).

Markus Schmidt

Wachstum ist kein Zufall
Wie du zum Spezialisten für deine geistliche Entwicklung wirst

Bist du bereit, deinen persönlichen Wachstumsprozess in Angriff zu nehmen, mit dem Ziel vor Augen, immer mehr wie Jesus zu sein? Wie ein guter Coach führt dich dieses Buch in die Selbstverantwortung vor Gott und dir selbst. Wachstum passiert zwar automatisch, aber nicht zufällig.

Gebunden, 13,5 x 21,5 cm, 304 Seiten
Nr. 226.929, ISBN 978-3-417-26929-1
Auch als E-Book e

SCM
R.Brockhaus

Thomas Härry

Echt und stark
Kraftvoll glauben – Tiefgang finden

Thomas Härry teilt seine eigenen Reifeprozesse und führt Sie hinein in einen Glauben, der alltagserprobt und krisentauglich ist. Echt und stark. Beständig und authentisch. Denn geistliche Reife entsteht immer da, wo emotionale Gesundheit und geistlicher Tiefgang zusammenkommen.

Gebunden, 13,5 x 21,5 cm, 368 Seiten
Nr. 226.935, ISBN 978-3-417-26935-2
Auch als E-Book e

SCM
R.Brockhaus

Ulrich Eggers (Hrsg.), Daniela Mailänder (Hrsg.)

Auf Augenhöhe
Warum Frauen und Männer gemeinsam besser sind – Ein Plädoyer

Das Thema »Geschlechterrollen« bleibt ein Streitpunkt. 24 christliche Persönlichkeiten und Paare teilen Praxisberichte aus ihrem Alltag: Wie leben sie als Frauen und Männer miteinander? Und: Erreichen sie das große Ziel vollkommener Augenhöhe und Gleichberechtigung?

Klappenbroschur, 13,5 x 21,5 cm, 304 Seiten
Nr. 227.000.022, ISBN 978-3-417-00022-1
Auch als E-Book e

SCM
R.Brockhaus

3E

echt. evangelisch. engagiert.
Das Ideenmagazin für die Kirche.

» **Erfahrungen austauschen:** Modelle, Ideen und Initiativen kennenlernen

» **Konkrete Praxishilfen bekommen:** Das „Gewusst-wie" der Gemeindearbeit

» **Inspiration** auf dem Weg zu neuen Ausdrucksformen von Kirche

Ein Abonnement (4 Ausgaben im Jahr) erhalten Sie in Ihrer Buchhandlung oder unter:

www.bundes-verlag.net

Deutschland:
Tel.: 02302 93093-910
Fax: 02302 93093-689

Schweiz:
Tel.: 043 288 80-10
Fax: 043 288 80-11

www.Magazin3E.net

SCM
Bundes-Verlag